CONVIRTIENDO VISITAS EN VENTAS

CÓMO CONVERTIR EL TRÁFICO DE TU SITIO WEB EN CLIENTES DE POR VIDA

ALEX KEI

TODOS LOS DERECHOS RESERVADOS

TABLA DE CONTENIDOS

CAPÍTULO 7: DESARROLLANDO FACTORES DE CONFIANZA Y CREDIBILIDAD **141**

CAPÍTULO 8: USABILIDAD Y EXPERIENCIA DEL USUARIO . **163**

CAPÍTULO 9: ELEMENTOS DE DISEÑO QUE MEJORAN LAS CONVERSIONES **176**

CAPÍTULO 10: SPLIT TESTS...**205**

AGRADECIMIENTOS Y PEDIDO DE DISCULPAS

Debo agradecer a las personas que a lo largo de los últimos 19 años me han enseñado todo lo que sé sobre *Conversion Rate Optimization*. Profesionales del mundo del marketing digital de varios países y con trayectorias muy diversas.

Lamentablemente, es a ellos mismos a quien debo pedir disculpas por no darles crédito adecuadamente a lo largo de este libro. Con el pasar de los años, he ido adquiriendo conocimientos a través de innúmeras fuentes, libros, cursos, seminarios, blogs, etc. y he ido desarrollando una sabiduría "prestada", con la que no nací, proveniente de todos esos profesionales que han sido tan generosos al compartir sus experiencias a través de sus publicaciones y enseñanzas, y que yo por negligencia, nunca documenté correctamente para poder darle crédito a quien crédito merece a medida que iba escribiendo este libro.

De más está decir que yo no sabría nada de lo que comparto contigo en este libro, si no fuese por la sabiduría y experiencia de esas personas que me han ayudado a llegar a donde estoy hoy.

Algunos de los que me vienen a la mente, sin ningún orden de importancia, son:

- Joel Roberts (a él sí que le doy crédito en el libro porque me acuerdo perfectamente de lo que me enseñó)

- Robert Cialdini (también le doy crédito en el capítulo 11)

- Martin Harwood

- Benji Rabhan

- Steve Krug

- Brian y Jeffrey Eisenberg

- Khalid Saleh

- Ayat Shukairy

- Russel Brunson

- Neil Patel

- Ryan Deiss

- Peep Laja

- Ben Jesson

- Karl Blanks

- Peter Sandeen

…entre muchos otros que lamentablemente, no recuerdo :(

Volviendo a los agradecimientos, quiero darles las gracias a todos mis alumnos de mi Curso de Conversión de Tráfico, por un lado, por inspirarme a escribir este libro, y por el otro, por tenerme tanta paciencia y por haber esperado alrededor de 3 años la culminación de este libro. Especialmente, quiero agradecer a uno de mis mejores alumnos, Pedro Sanchez Bonín, por haberse tomado el tiempo de revisar el libro y de encontrar errores que yo fui incapaz de ver ¡luego de tres revisiones!

También agradezco a "Nhi" por todo su apoyo, paciencia y por hacer mi vida mucho más fácil en todo sentido.

ME GUSTARÍA PEDIRTE UN FAVOR:

Errores… ¡ay los errores!...

Este libro ha sido toda una aventura por más de tres años. Jamás pensé que me tomaría tanto tiempo plasmar mis conocimientos y mi experiencia sobre este tema y menos aún me imaginé, que me tomaría tanto tiempo corregirlo, editarlo, verificar las herramientas, etc.

Aunque lo he leído de inicio a fin tres veces y le pedí ayuda a otras personas para que detectaran lo que yo no era capaz de detectar, es muy, pero muy probable que haya errores, así que, te pido un favor enorme:

Si encuentras algún error, por favor escríbeme a: info@keiwebco.com y dime en qué capítulo y en qué párrafo lo viste, para hacer las correcciones necesarias. Te lo agradecería muchísimo.

También, como mencioné en los "Agradecimientos y Pedido de Disculpas", hay muchos conocimientos que he adquirido a lo largo de los años, que no sé de dónde los aprendí y por lo tanto (por negligencia de mi parte) no le he dado crédito a ciertas fuentes, no por no querer, sino porque no recuerdo quién me lo enseñó. Así que si ves que menciono algo creado o inventado por alguien y sabes quién es esa persona, por favor dime para poder hacer la corrección y darle el crédito que se merece.

De antemano, ¡MUCHÍSIMAS gracias por ayudarme con esto!

PRODUCTOS; SERVICIOS; PRODUCTOS Y SERVICIOS

Este libro no se destina únicamente a personas que tengan un producto físico, sino que es para todos los emprendedores, empresarios y profesionales que vendan cualquier cosa: productos físicos, productos digitales, servicios de empresa a empresa, servicios al cliente final, membresías, entradas a eventos, etc., etc., etc.,

Sin embargo, por una cuestión de practicidad y uniformidad, a lo largo de este libro siempre me voy a referir a "tu producto". Quedará de tu parte que traduzcas eso en: "tu membresía", "tus servicios"; "tus entradas al concierto", "tu bicicleta", "tus productos de belleza", etc.

Habiendo aclarado esto, saltemos de cabeza al contenido de este libro.

INTRODUCCIÓN

Hace algún tiempo, uno de mis clientes me dijo:

"Alex, estoy cansado. Paso horas y horas trabajando en mi web, generando tráfico, el tráfico llega, pero las ventas no. No sé qué pasa. Recibo visitas, pero no tengo conversiones y eso me tiene muy frustrado"

Le pregunté cuál era el perfil de los clientes que él buscaba y le pedí que me mostrara su sitio web. Luego de revisarlo, le dije:

"Yo sé por qué no estás generando ventas y te voy a decir por qué, pero con una condición: Tienes que implementar exactamente lo que te voy a decir. Una vez que hayas hechos los ajustes que te voy a recomendar, espera un tiempo hasta ver los resultados y me cuentas".

Luego de unos dos o tres meses, me contactó y me dijo:

"Alex, implementé solo 3 de las cosas que me recomendaste porque no he tenido tiempo para más, pero solo con esos 3 ajustes mis ingresos han aumentado 40% en el último mes."

¡40% y ni si quiera puso en práctica todo lo que le dije!

Llevar tráfico a una web que no está optimizada para generar ventas es una pérdida de dinero, de tiempo y de esfuerzo. En este libro te diré cómo acabar con ese problema.

¿De qué vale aprender a hacer SEO, publicidad de pago por click o generación de tráfico con redes sociales, si no se consigue que esas personas compren?

Yo sé que seguramente pasas cualquier cantidad de tiempo trabajando en tu sitio web, creando contenido y promocionándola activamente en las redes sociales, buscadores, etc. y cuando las visitas van llegando, pero las ventas no, es muy desmotivador.

Tengo clientes que me comentan orgullosamente que reciben muchísimas visitas en su sitio web, pero cuando les pregunto cuánto de ese tráfico están convirtiendo en ventas, me doy cuenta de que sus conversiones son terriblemente bajas para la cantidad de tráfico que reciben. Tienen mucho tráfico, pero facturan poco y cuando analizo sus sitios web para descubrir la razón por la cual no convierten, el problema SIEMPRE es uno de estos tres:

1. Una propuesta de ventas confusa o poco atractiva para el tipo de público que ellos están buscando.

2. Falta confianza y seguridad en el proceso de compra.

3. Carencia de elementos persuasivos en la web y en su contenido.

Crear un sitio web hoy en día no se trata de montar una página corporativa con información sobre la empresa y los contactos. El sitio web es una herramienta de ventas, no una tarjeta de presentación y tiene que estar diseñado para vender, no solo para informar.

Es curioso que muchos empresarios, emprendedores y profesionales aman lo que hacen, realmente disfrutan de desempeñar la actividad que decidieron desempeñar, pero ignoran (consciente o inconscientemente) la parte del marketing del negocio. El objetivo de todo negocio es hacer dinero, mucho dinero, de lo contrario se crearía una ONG, una asociación sin ánimo de lucro o un trabajo *freelance* para cubrir los gastos del mes y ganar poco más para ahorrar y para poder irse de vacaciones una vez al año.

El marketing es lo que hará que el negocio facture bastante y convertir los visitantes de una web en dinero, es un trabajo de marketing constante que comienza mucho antes de la llegada de las personas a nuestra web.

Este libro, es un libro de marketing, no de técnicas generales sobre cómo promocionar un negocio y cómo captar más clientes, sino de cómo hacer que más personas compren gracias a nuestro sitio web. Una vez que aceptes que tu sitio web es una máquina de ventas, cuyo objetivo principal es intentar extraer el máximo dinero que sea posible de las personas que lo visitan, entonces tendrás el estado mental necesario para comenzar a ganar mucho dinero.

No necesariamente debes leer el libro por orden, de capítulo en capítulo, sino que puedes ir consultando lo que vayas necesitando. Solo te recomiendo que, si no tienes muchos conocimientos y experiencia en esta área, leas el Capítulo 1 primero y luego pases al que quieras. En varios capítulos hago mención a algo que he explicado en capítulos anteriores, así que, tendrías que ir atrás y leer lo que explico para que puedas entender y tener el contexto necesario para ejecutar las acciones que te pueda estar recomendando.

Los más metódicos y organizados seguramente lo leerán por orden, y eso está bien. Tú tienes el control en la manera como lees este libro y hazlo a tu estilo y de la forma que creas que le sacarás el mayor provecho.

El Capítulo 1 es donde explico algunos conceptos básicos del proceso de Optimización de Conversión y donde te doy las bases para que entiendas por qué todo esto es importante y dónde debes poner tu atención cuando quieres conseguir aumentar las ventas que generas a través de tu sitio web.

El Capítulo 2 está enfocado en tus clientes potenciales, en conocerlos, entenderlos, saber lo que quieren y lo que necesitan, saber lo que valoran y lo que desprecian. Conocerlos muy bien te permitirá adaptar tu mensaje y lo que les ofrezcas, para que se sientan más atraídos por lo que les ofreces.

En el Capítulo 3 te hablaré sobre varias fuentes de tráfico diferentes y cómo afectan nuestras conversiones. Te explicaré lo que debes hacer para aprovechar el estado mental en el que se encuentren tus clientes potenciales cuando visitan tu sitio web y cómo conseguir que más de ellos te compren.

El Capítulo 4 se trata de embudos de Marketing y cómo diseñar tu estrategia de captación de manera que seas capaz de llevar a tus clientes potenciales de la mano, desde el momento que entran en contacto por primera vez con tu sitio, hasta que deciden comprarte o contratarte.

En el Capítulo 5 explico la importancia de crear una excelente propuesta de valor y una muy buena propuesta única de ventas para que tus clientes potenciales entiendan que lo que les ofreces, realmente les mejorará la vida en algún sentido y que tu empresa ofrece algo que la competencia no les dará.

El Capítulo 6 te habla de los diferentes miedos, recelos, preconceptos y obstáculos mentales de tus visitantes, con los que tendrás que lidiar y luchar para poder conseguir que se desarmen y que no sientan que tú, tu producto o tu empresa, sois una amenaza para su tranquilidad mental.

En el Capítulo 7 te daré algunas recomendaciones sobre cómo transmitir una mayor confianza y seguridad a tus visitantes a través de varios elementos que deberás incluir en tu sitio web y en la construcción general de tu marca, para que los temores de los que te hablo en el capítulo 6, no te afecten demasiado.

El Capítulo 8 es sobre usabilidad y experiencia del usuario, sobre los aspectos que hacen que tu web sea amigable y fácil de navegar para tus visitantes. También hablaré sobre *"user testing"*, que son las pruebas que deberás realizar, con usuarios reales, para conocer sus opiniones y poder obtener una retroalimentación sobre el trabajo que has realizado para aumentar tus conversiones.

En el Capítulo 9 te hablaré sobre cómo puedes usar el diseño visual de tu sitio web para conseguir que más personas te compren. El objetivo del diseño no es únicamente lograr que tu sitio se vea atractivo, sino poder conseguir captar y dirigir la atención de tus visitantes hacia los elementos más importantes (los elementos de conversión) y lograr captar más ventas.

El capítulo 10 es sobre *"split tets"*, sobre pruebas A/B y pruebas multivariables, que son aquellas que hacemos para comparar elementos de nuestro sitio web y descubrir cuáles son los que consiguen mejores resultados. A través de estas pruebas conseguiremos determinar, con datos reales, si lo que pensábamos que nos traería más conversiones, realmente las trae.

El capítulo 11 es sobre uno de mis temas favoritos y uno de los temas más repudiados por muchos emprendedores: El *copywriting*. El arte de seducir, convencer, persuadir a través de las palabras es una de las mejores armas que se pueden usar en marketing y en este capítulo conocerás algunos fundamentos básicos para que puedas usarlos en tu sitio web para vender más.

El último capítulo del libro, el capítulo 12, es sobre incentivos, promociones, bonos, regalos, etc. Todo aquello que podría servirte como empujón adicional para conseguir que las personas dejen de postergar la decisión de comprarte y finalmente lo hagan. Muchas personas en este preciso instante quieren comprarte, pero no terminan de dar el paso y por esto, debemos incentivarlas a actuar ahora mismo.

Estoy seguro de que sacarás algo de cada capítulo que te ayudará a aumentar tus conversiones. De hecho, si pones en práctica tan solo un 20% de lo que aquí aprenderás, verás un incremento en tus ventas. No es necesario que lo implementes todo en simultáneo y no tienes que esperar hasta terminarte de leer el libro para poner algo en práctica; puedes ir probando, adaptando, mejorando algunos aspectos de tu sitio web hasta que llegue el momento en el que mires atrás y recuerdes cómo era tu sitio anteriormente y prácticamente, no lo reconozcas.

En los tres años que me tomó escribir, revisar, adaptar, volver a revisar, volver a adaptar y finalizar este libro, el mundo de Internet cambió en muchos aspectos, pero estoy seguro de que más del 90% de lo que aquí encontrarás, seguirá siendo válido en la próxima década.

Espero que lo disfrutes y que me cuentes lo que opinas de él, así que por favor escríbeme a: info@keiwebco.com con tus comentarios.

CAPÍTULO 1:

Fundamentos de conversión

D aremos inicio a este libro colocando los cimientos del proceso de conversión. En este primer capítulo, entenderás algunos conceptos básicos que te ayudarán a hacer los ajustes necesarios para conseguir más ventas.

Posiblemente encontrarás algunas ideas o conceptos no tienen mucha relación entre sí, pero al ser necesarias para entender lo que veremos más adelante, he decidido explicarlas aquí, antes de entrar a fondo en materia. A lo largo del libro verás otros términos que se repiten constantemente e irás conociendo sus significados a medida que vayan apareciendo.

Comencemos con el protagonista y eje central de todo lo que engloba este proceso de transformar visitantes de un sitio web en ventas, la "Conversión".

Probablemente hayas escuchado o leído frases como estas:

- *"Necesito aumentar las conversiones de mi sitio web"*;

- *"Estoy obteniendo pocas conversiones"*

- *"Logré aumentar el ratio de conversión y mis ventas se dispararon"*.

Cuando se habla de conversiones en el contexto de las ventas, básicamente a lo que se refiere, es a conseguir que una persona que visita un sitio web ejecute una acción específica que lo haga pasar de ser de un mero visitante a convertirse en un cliente potencial y más adelante en un cliente de pago.

No todos los que visitan nuestro sitio web pueden considerarse clientes potenciales. En ocasiones, recibiremos visitas accidentales o de personas que no cuentan con el perfil demográfico que hemos definido como parte de nuestro cliente ideal. En otras ocasiones, recibiremos visitas de personas que sí cuentan con los requisitos para ser nuestros clientes, pero nunca llegan a manifestar un interés real por lo que les ofrecemos. Para que puedan considerarse clientes potenciales, deben hacer algo que nos demuestre que no son tan solo visitantes aleatorios, sino que tenemos posibilidades de conseguir cerrar ventas con ellos.

Para que un cliente pase de ser potencial a cliente real o de pago, debe ejecutar una o más acciones que lo lleven de un estado al otro. Cada vez que conseguimos que un visitante ejecute una acción que lo acerca más y más al momento en que se consuma la transacción comercial, estamos consiguiendo conversiones. Más adelante en este capítulo te daré varios ejemplos de "puntos de conversión".

El término "CRO" de sus siglas en inglés *"Conversion Rate Optimization"* o como se le conoce en español: "Optimización de Ratios de Conversión", o también: "Optimización de conversión" es todo un proceso que podría definir de la siguiente manera:

La optimización de conversión consiste en hacer todo lo que sea necesario, dentro y fuera de nuestro sitio web, para transformar visitas en dinero. Eso es CRO.

Una definición demasiado simple, quizá, pero totalmente acertada.

Los más familiarizados con este tema podrían considerar extraño que en mi definición de CRO mencione la frase *"...fuera de nuestro sitio web"*. Muchas personas suelen pensar que lo que hace que un sitio web genere conversiones es su estructura, usabilidad, diseño, redacción, etc. y aunque todo esto es verdad que ayuda y contribuye a generar ventas, no es lo único que interviene en el proceso. A lo largo de este libro veremos cuáles son todos esos elementos ajenos a nuestro sitio web que interfieren en las conversiones de nuestro sitio. Aprenderemos lo que debemos conseguir antes de que alguien nos visite y lo que debemos hacer después de esa visita.

USABILIDAD DEL SITIO WEB (UX)

Cuando se habla de optimización de conversión, las personas de perfil más técnico (generalmente los informáticos, desarrolladores o programadores) suelen pensar únicamente en algo llamado "Usabilidad". La usabilidad engloba todas las características que hacen que nuestro sitio web sea amigable, fácil de navegar, simple y claro para el visitante. En otras palabras: es lo que hace que la experiencia del visitante en nuestro sitio web sea lo más placentera y satisfactoria posible. Sin embargo, el proceso de conversión es mucho más estratégico que técnico y entran en juego muchos elementos psicológicos (que algunos informáticos suelen tomarlas como tonterías inventadas por los marketers) que son sumamente importantes para conseguir que un visitante se convierta en cliente.

Es absolutamente cierto que, si nuestro sitio web demora mucho tiempo en cargar, no posee una ruta o mapa de navegación evidente e intuitiva, no deja claro la secuencia de acciones que el visitante debe realizar y su diseño no se adapta el perfil del público al que se quiere alcanzar, entonces la conversión del sitio web se verá negativamente afectada. Dicho esto, la usabilidad es sumamente importante en el proceso de conversión, pero no es el único factor. Ella debe trabajar en armonía con todos los demás elementos de conversión para conseguir cerrar más ventas. Más adelante entraremos más a fondo en este tema.

OPTIMIZACIÓN DE *LANDING PAGES* (O PÁGINAS DE ATERRIZAJE)

El término *"Landing Page"* o en español: "Página de Aterrizaje" sugiere bastante bien la función de la misma. Es aquella página donde los visitantes entran por primera vez (donde "aterrizan") cuando nos encuentran a través de los buscadores, la publicidad, las redes sociales, medios tradicionales, etc.

En ocasiones, las personas aterrizan en la *"homepage"* (página de inicio) mientras que otras veces, pueden aterrizar en cualquier página interna que a nosotros nos convenga para empezar a convertir ese visitante en cliente potencial. Lo ideal es que seamos nosotros quienes decidamos dónde aterriza cada visitante y así, llevarlo de la mano, paso por paso, hasta conseguir las conversiones que queremos.

Se suele cometer el error de utilizar el término *Landing Page* para referirse a una página que contiene un formulario de captura de datos que suscribe a los visitantes a una lista de correo (o *"newsletter"*) a cambio de un regalo o incentivo que le interesa a esa persona (una guía descargable, un descuento especial, una herramienta, etc.). En realidad, ese tipo de páginas se llaman *"Squeeze Pages"* o "Páginas de captura".

Dependiendo de la etapa en el proceso de venta, el visitante podría aterrizar en nuestra página de captura. De hecho, para las etapas iniciales del proceso de venta, es muy recomendable que esta sea la página de aterrizaje principal y a donde llevemos la mayor parte de nuestro tráfico. En otras ocasiones, la página de aterrizaje será aquella donde se explican los beneficios de un producto o servicio, pero puede ser perfectamente un artículo de un blog.

PUNTOS DE CONVERSIÓN

Para poder realizar un buen trabajo de optimización de conversión, debemos tener muy claro las acciones que queremos que los visitantes realicen al entrar a nuestro sitio web. Cada vez que el visitante realiza una acción necesaria para aumentar nuestras ventas, se genera una conversión. A estas acciones les llamamos: puntos de conversión.

Cada negocio, cada emprendedor y cada sitio web tiene sus propios objetivos y su enfoque estará centrado en diferentes metas. Incluso, cada página de nuestro sitio web debe estar centrada en objetivos muy específicos (a veces, similares) dependiendo de lo que queramos conseguir.

Un sitio web podría tener docenas de puntos de conversión diferentes dependiendo de muchos factores, pero los más comunes y los que se aplican a la mayoría de sitios web y modelos de negocio, son:

Solicitud de contacto: Cada persona que nos contacte a través de un formulario, chat, email o teléfono que hemos publicado en nuestra web, representa para nosotros una conversión. En muchos casos, para poder generar una venta, primero debemos concentrarnos en optimizar la forma en que los visitantes entran en contacto con nosotros. Solamente el hecho de que alguien nos contacte para hacernos una pregunta sobre lo que vendemos, es un punto de conversión que transformó a esa persona en cliente potencial (en este contexto, también se les llama "*leads*" o "prospectos").

Opt-ins: Le llamamos *opt-in* a la acción voluntaria por parte del visitante de darnos sus datos (generalmente nombre y correo electrónico) para que le enviemos información relevante y constante sobre lo que tenemos para ofrecerle. Antiguamente, era a través de un boletín de noticias (o *newsletter*) y al cliente con eso le bastaba para darnos sus datos. Pero actualmente, con tanto bombardeo de emails por parte de todas las empresas que quieren la atención de nuestros clientes, tenemos que esmerarnos más y ser mucho más creativos para que nuestros visitantes quieran darnos sus datos y poder conseguir ese punto de conversión.

Productos agregados al carrito: Si tienes una tienda online y vendes productos o servicios directamente desde la web, una de las acciones más importantes que queremos que el visitante ejecute es agregar al carrito lo que le estamos vendiendo. Aunque agregar un producto al carrito no nos garantiza la venta, sin duda es un paso más para acercarnos a ella. La descripción de los productos o servicios, los titulares, el diseño de la página donde se muestren, etc., debe incitar a las personas a agregarlos al carrito.

Reproducción de vídeos: Hoy en día el vídeo constituye una de las principales herramientas de venta y su utilización en un sitio web dejó de ser opcional. Absolutamente todos los sitios web que tengan como objetivo vender algo, deben usar vídeos. La ubicación del vídeo, su duración, inclusive el diseño del reproductor en la web, interfieren en el número de personas que deciden reproducirlo. Obviamente queremos que la mayor cantidad de personas posible lo vean para poder mostrarles los beneficios de nuestro producto.

Ventas: Este es el objetivo principal de casi todo sitio web y podría ser el punto de conversión más importante que da por concluidos muchos de nuestros esfuerzos anteriores. Siendo este el punto supremo, requiere que los otros puntos se den en una secuencia lógica que haga que los visitantes decidan darnos su dinero a cambio de lo que ofrecemos.

Dependiendo de tus objetivos y modelo de negocio, tu sitio web puede tener muchos más puntos de conversión (clicks en un enlace específico, visitar una página específica, darle "Me gusta" a tu página en Facebook, generar conversación o interacción entre los seguidores, etc., etc. etc.). Debes decidir cuáles puntos de conversión son importantes para que puedas cerrar más ventas.

FRAMEWORK DE CONVERSIÓN

La manera más fácil de entender todo el proceso de CRO es a través de un "mapa" al cual le llamamos: *Framework*. La traducción literal de *framework* es "armazón" o "marco" pero en este contexto, es una estructura básica o esqueleto central que compone todos los elementos importantes en la optimización de conversión.

Existen docenas de *frameworks* de conversión diferentes y cada empresa o profesional le agrega o elimina los elementos que desee. Puedes considerarlo como una receta donde cada cocinero le da su toque especial, con más o menos ingredientes y que al final, acaba siendo el mismo plato que cocinan miles de personas, pero con sazones diferentes. En este libro, me basaré en el *framework* que aplicamos en mis empresas y el que aplico en las empresas a las que asesoro.

La fórmula de mi *framework* de conversión es:

U.P.C.A.F.I.T.

Este framework se compone de 7 elementos, siendo cada uno de ellos una letra y sus piezas son:

Usuario: Es el protagonista en todo este proceso porque es quien que nos generará nuestros ingresos. Debemos conocer muy bien lo que el usuario busca, lo que desea, lo que le motiva, inclusive especular sobre su pasado, sus frustraciones y preconceptos para poder crear una propuesta adecuada y atractiva para él. Si conocemos al tipo de usuario que queremos en nuestra web, sabremos cómo hablarle y cómo convencerlo para que realice las acciones que queremos.

Propuesta: Todo negocio debe tener una P.U.V. o "Propuesta Única de Ventas" (lo que lo hace diferente entre sus competidores). Además, debe contar una P.D.V. o "Propuesta de Valor" muy bien definida (lo que el usuario entiende como merecedor de su dinero). P.U.V y P.D.V. son conceptos diferentes, pero hay personas que los confunden y los utilizan indistintamente (más adelante veremos sus similitudes y diferencias). Esta parte del *Framework* involucra a ambas. La relevancia y claridad de nuestra propuesta es sumamente importante para que el usuario actúe.

Confianza: Cada transacción económica involucra un riesgo y para que éste no paralice al usuario, debemos ganarnos su confianza. A través de garantías, credenciales, testimonios y reputación podremos cautivar al usuario. Es importante recordar que mientras más grande sea el riesgo para el usuario (más dinero tenga que gastar, por ejemplo) más deberemos esforzarnos en hacerle sentir seguro. Transmitirles confianza a nuestros usuarios es fundamental para generar conversiones.

Atracción: Conseguir que el usuario se sienta atraído por lo que le ofrecemos es todo un arte. Los verbos con papel protagónico en este asunto son: seducir, persuadir y conquistar. De la misma manera como trabajamos para conseguir que una persona se sienta atraída por nosotros en el ámbito personal, debemos hacer que el visitante de nuestro sitio se sienta atraído por lo que le ofrecemos. Las decisiones de compra son emocionales (aunque luego se encuentren razones lógicas para respaldarlas) así que, debemos saber llegar a las emociones del usuario para enamorarlo y hacerle decir: "Sí, acepto".

Facilidad: La experiencia del usuario en nuestra web y todo contacto que este tenga con nuestra marca, producto o servicio, debe ser fácil, intuitiva y con la menor fricción posible. El visitante tiene que ser capaz de ejecutar cualquier acción que queramos sin que le represente mayor esfuerzo. Aunque cada sector del mercado es diferente y haya casos donde se deba ser más o menos intuitivo, la facilidad de uso debe ser una de nuestras prioridades.

Inmediatez: La postergación es uno de los peores enemigos de la conversión. Queremos que el usuario tome acción cuanto antes. Para esto, debemos crear una sensación de urgencia, de modo que no demore mucho en sus decisiones. La urgencia que transmitamos es un "empujón" que nos permite conseguir la inmediatez que necesitamos para obtener más conversiones.

Test: Todo aquello que decidamos implementar, debemos primero "testarlo". Debemos hacer pruebas y experimentos antes de implementar de manera definitiva algún cambio. Esto nos ayuda a verificar a través de números y datos reales su efectividad, en vez de basarnos en intuición o creencias personales. Cada segmento de usuarios y cada propuesta de venta es diferente, así que, no se puede crear una regla general que se aplique a todo. Debes probar en tu caso, según tu modelo de negocio, tu producto o servicio y el perfil de tu público objetivo, qué es lo que mejor te funciona.

Recomiendo siempre trabajar el proceso de conversión usando un *framework* que incluya todas las etapas de optimización de nuestro negocio. Nos servirá de guía para eliminar cualquier duda o sentimiento de desorientación que podamos sentir al optimizar, y por otro lado, nos ayudará a mantenernos enfocados en los cambios realmente importantes para aumentar nuestras conversiones, descartando todos aquellos que no traerán un resultado realmente significativo. Te darás cuenta de que todo lo que te recomendaré a lo largo de este libro, está basado en todos y cada uno de estos elementos de mi *framework* de conversión.

"¡¿POR QUÉ LOS VISITANTES DE MI WEB NO ME COMPRAN?!"

Existen diversas razones, obstáculos y excusas que hacen que un visitante nunca llegue a comprarnos. Primero que nada, es importante entender que la mayoría de los visitantes de nuestra web, jamás comprarán. Eso es normal y no debe preocuparnos. Solemos recibir visitas accidentales (de personas que no forman parte de nuestro público objetivo) y de personas que, aunque podrían formar parte de nuestro público objetivo ideal, no se encuentran en un momento en el que realmente quieran o necesiten lo que nosotros ofrecemos.

A lo que debemos prestarle atención es al porcentaje de visitantes que, efectivamente forman parte de nuestro público objetivo ideal y se encuentran en una etapa en la que necesitan o desean lo que nosotros ofrecemos, pero tienen dudas y recelos con relación a nosotros y a nuestro producto. Debemos conocer lo que los frena y entender las razones que les impide llegar al "Sí, quiero" que buscamos por parte de ellos.

Aunque existen centenas o miles de razones por las que alguien pueda detenerse a la hora de comprarnos, algunas de las que principalmente nos afectan e impiden que alguien compre nuestro producto, son las siguientes:

No lo pueden pagar: El precio del producto hace que no se lo puedan permitir. No necesariamente es que nuestro producto sea caro, sino que ellos no tienen la disponibilidad económica suficiente para poder pagarnos. Sin embargo, en muchas ocasiones, esta no es la razón, sino más bien, es la excusa que oculta la verdadera razón que verás en el siguiente punto.

No le ven el valor real al producto o servicio: El precio no determina el valor de lo que se ofrece. El valor es algo muy subjetivo y no necesariamente va de la mano con el precio. En ocasiones, el cliente cree que no se lo puede permitir, porque considera que el valor que otorga el producto no va de acorde con el precio. Las personas siempre encuentran la manera de adquirir un producto que no se pueden permitir si posee un gran valor para ellos. El valor real de un producto no es tan importante como su valor percibido.

No confían en el producto o en la empresa: Este es uno de los puntos de fricción más fuertes que existen, sobre todo en ventas por Internet. Cuando nuestro cliente potencial tiene dudas y recelos sobre lo que le ofrecemos (o sobre lo que somos como profesionales), querrá protegerse del riesgo que implica tomar una mala decisión. Si no se sienten totalmente seguros y "a salvo", tomarán la decisión de no hacer nada. Posiblemente están interesados en lo que les ofreces, inclusive lo necesitan y lo que quieren, pero el riesgo que implica que algo no salga como se lo esperan, es demasiado aterrador para cualquier cliente.

No tienen el deseo suficiente: Hay centenas de cosas que podríamos necesitar comprar hoy mismo, sin embargo, le damos prioridad a aquello que más nos gustaría tener y no a aquello que más necesitamos. El deseo de adquirir algo suele estar por encima de la necesidad y cuando el cliente no siente que ese deseo es bastante grande, lo va dejando pasar hasta que se le olvida. La buena noticia es que el deseo va creciendo a medida que la persona se va exponiendo más a nuestro producto y a nuestra empresa.

No tienen prisa o urgencia por el producto: El deseo siempre estará por encima de la necesidad, a menos que la urgencia se interponga. Muchas personas elegirían hacer un viaje de ensueño, en vez tomar la decisión de ir al odontólogo para quitarse aquella pequeña molestia que sienten cuando comen ciertos alimentos. Pero el día en que no pueden ni siquiera dormir del dolor tan agudo, entonces llega el momento de posponer ese viaje soñado y comenzar el tratamiento con el dentista. En ocasiones, la urgencia puede ser real, pero en otros casos, la urgencia es posible generarla para que el cliente tome acción cuanto antes y no quiera perderse un beneficio especial que hemos creado para él, si compra ahora mismo.

No entienden cómo adquirirlo: A veces el proceso de compra es tan complicado o confuso, que el visitante se rinde y nunca llega a comprar. Muchos empresarios cometen el error de agregar pasos innecesarios al proceso de compra o de solicitar datos que no son absolutamente necesarios antes de comprar, sino que pueden esperar a que la persona pague y luego, solicitarle lo que haga falta. Si tu sitio web no pasa la prueba de "la abuelita" (¿conseguiría una abuelita de 80 años comprar ese producto sin la ayuda de su nieto?) entonces habría que hacer los cambios que sean necesarios para hacer el proceso mucho más claro y simple.

No logran decidirse entre varias opciones: Cuando un cliente potencial llega a nosotros con el deseo, la necesidad y la intención de comprarnos, en muchos casos, se encuentra evaluando otras opciones en simultáneo. Cuando dos o más de esas opciones parecen igualmente beneficiosas y con resultados similares, el cliente puede entrar en una parálisis por indecisión. Esto vuelve el proceso de compra implacentero y desgastante para el visitante, ya que, implica tomar decisiones que requieren un análisis detallado de pequeñas opciones o pequeñas características.

Existen muchísimas otras razones que hacen que una persona no quiera comprarnos, pero estas suelen ser las más frecuentes. Más adelante en el capítulo 6, te hablaré sobre diversos puntos de fricción que impiden que las personas ejecuten la acción que queremos.

10 ERRORES QUE SE DEBEN EVITAR EN EL PROCESO DE OPTIMIZACIÓN DE CONVERSIÓN

En CRO hay muchas cosas que pueden salir mal. Siendo un trabajo continuo y constante, depende de muchas variables para que funcione. Para empeorar la situación, nosotros los emprendedores cometemos errores, muchas veces muy tontos, que nos atrasan, nos generan resultados errados y desde luego, nos hacen perder ventas.

A continuación, te diré 10 errores bastante comunes que debes evitar a toda costa cuando intentes aumentar tus conversiones:

1.- Intentar "adivinar" en vez de usar datos reales: No tiene nada de malo tener una hipótesis empírica sobre lo que podría hacer que nuestro sitio web convierta más, pero es muy peligroso basarnos solo en el instinto o en la "adivinación", cuando podríamos usar datos y números reales que nos llevarán a acciones y resultados más fructíferos. Las métricas y KPIs (de sus siglas en inglés: *"Key Performance Indicators"* o en español: "indicadores claves de desempeño) nos darán un punto de partida y un punto de llegada para que podamos desarrollar toda nuestra estrategia alrededor de ellas;

2.- Darle mucha importancia a la opinión de amigos y/o familiares: Aún en el caso bastante improbable que tus amigos y familiares constituyan una muestra bastante verídica del perfil de tus clientes potenciales, no debemos darle demasiada atención a lo que ellos opinen o sugieran con relación a nuestro sitio web y nuestra propuesta de ventas. Por un lado, son personas que te aprecian, que quieren lo mejor para ti y eso podría hacerte pensar que te darán buenos consejos, pero nada más alejado de la realidad. En muchos casos, te dirán lo que te hará sufrir menos y lo que te deje más contento en relación a ellos. Por otro lado: cada opinión es demasiado subjetiva y particular como para creer que se aplica a la mayoría de tus clientes. Está bien pedir opiniones y sugerencias, pero no debemos tomárnoslas demasiado en serio si no podemos constatarlas con otros datos. Inclusive cuando esos amigos o familiares a los que les pides consejos pertenecen al mismo sector en el que te desenvuelves, debes tener mucho cuidado porque en la gran mayoría de los casos, te darán su opinión basados en lo que ellos harían en tu lugar y no en lo que a ti realmente te conviene;

3.- Creer que todos tus clientes piensan como tú: Conozco muchas personas que creen que su perspectiva y visión de las cosas, se encuentra en total harmonía y sintonía con la de todos sus clientes. A veces creen que como algunos de sus clientes piensan como ellos, entonces TODOS piensan igual. Si algo te gusta, no creas que a todos les gustará; si algo te inspira confianza, no creas que a todos les causará la misma impresión; si algo te hace desconfiar, es posible que a los demás también, pero a veces no será de esa manera. Uno de los requisitos fundamentales para hacer una buena optimización de conversión es tener una mente abierta, estar dispuesto a probar cosas diferentes y tener la disposición de cuestionar y debatir todo lo que das por hecho. Como dice el dicho: "no hagas a los demás lo que no te gustaría que te hagan, pero tampoco hagas a los demás lo que te gustaría que te hagan";

4.- Implementar medidas que le han funcionado a otras empresas: Está bien usar como referencia lo que les ha funcionado a otras empresas, pero si no lo probamos en nuestro caso particular, podríamos tener resultados totalmente opuestos a los que se quiere. El hecho de que algo le haya funcionado a una empresa, no quiere decir que le funcione a otra, considerando que cada empresa tiene personalidades diferentes, propuestas de valor diferentes, posicionamiento de marca diferentes, etc. La situación suele agravarse cuando intentamos implementar en nuestro pequeño negocio, medidas y acciones que copiamos de grandes empresas. Esto sería como querer que un gato doméstico se comporte como un leopardo. Absolutamente todo lo que queramos implementar, debemos probarlo primero en pequeña escala y determinar si realmente nos acerca a al objetivo planteado o no.

5.- Utilizar un tamaño de muestra demasiado pequeño: Cuando hacemos pruebas (más adelante hablaremos a fondo sobre este tema), debemos tener un tamaño de muestra considerable para poder decidir cuál variación realmente genera más conversiones. En la gran mayoría de los casos, las personas usan tamaños de muestra insignificantes que más bien, generan falsos positivos y hacen que tomemos decisiones erradas. Por ejemplo, un ratio de conversión de 19% no es mejor que uno de 12% si el tamaño de la muestra es muy pequeño. Hay un cierto grado de azar que debemos tomar en consideración y por esto es importante que exista una diferencia estadísticamente significativa en los resultados de nuestras pruebas o *tests*.

6.- Optimizar para conseguir mejores conversiones y no mejores ingresos: Aunque suene a lo mismo ("si aumento mis conversiones entonces aumentaré mis ingresos") no siempre un aumento en las conversiones nos generará más ingresos. A veces nos obsesionamos tanto con ciertos puntos de conversión que olvidamos que el objetivo final de todo esto es conseguir aumentar las ventas. Lograr que nuestro ratio de conversión de *opt-ins* aumente, no necesariamente traerá como consecuencia que las ventas también lo hagan si todo lo que sucede después no prepara al visitante para comprar. Los diferentes puntos de conversión deben trabajar en conjunto y con una estrategia definida para conseguir el aumento en los ingresos;

7.- Utilizar solo datos cuantitativos y olvidar los cualitativos: Conocer las métricas es importante. Los números nos dan una referencia bastante fiable sobre los resultados que estamos obteniendo y las acciones que debemos ejecutar para mejorarlos. Sin embargo, no son suficientes y es importante conocer datos cualitativos con relación a nuestros usuarios. Hay elementos de su personalidad, su opinión, su comportamiento, etc., que no necesariamente se pueden cuantificar y que juegan un papel muy importante en el resultado;

8.- Realizar pruebas en períodos de tiempo diferentes: cada hora del día es diferente; cada día de la semana es diferente; cada mes del año es diferente. Si realizamos la comparación de dos o más variaciones de nuestro sitio web en épocas diferentes del año, obtendremos datos errados. Si dejamos nuestro sitio web tal como está y medimos las conversiones durante un mes (digamos: Agosto) y luego hacemos alguna variación para medir el impacto que eso generará en las conversiones, pero lo medimos en otro mes diferente (digamos: Noviembre) es muy probable que obtengamos datos errados por estacionalidad. Lo ideal es hacer pruebas en simultáneo, teniendo dos (o más) variaciones de nuestro sitio web que reciban visitas al mismo tiempo y así poder obtener datos mucho más confiables;

9.- Probar muchas variables en simultáneo: Si analizamos a fondo nuestro sitio web, encontraremos miles de posibles cambios a realizar para aumentar las conversiones y muchos de ellos, podrían ser la diferencia entre estar quebrados o ganar mucho dinero. Por esto, podemos caer en la tentación de probar muchas cosas en simultáneo: diferentes titulares, diferentes imágenes, diferentes propuestas de venta, diferentes diseños, etc. etc. Si a esto le sumamos la impaciencia general que sufren los emprendedores en todos los sectores, nos colocamos delante de una posible catástrofe;

10.- Hacer CRO inconstantemente: Para poder obtener resultados considerables, el CRO debe formar parte de nuestras actividades semanales o mensuales. Hacerlo de manera demasiado esporádica, bien sea por falta de compromiso, de interés o por la excusa favorita de todos: "no tengo tiempo", entonces conseguirás cambios en tus conversiones que se han derivado por azar más que por técnica;

Cometer cualquiera de estos errores no acabará con tu negocio, pero tampoco te llevará a dónde quieres. El proceso de CRO suele ser lento y tedioso, lo que nos hace caer en la tentación de tomar atajos o de buscar soluciones inmediatas. Más vale no hacer nada de CRO que hacerlo de manera incorrecta y luego decir que lo has intentado y no te funcionó.

MÉTRICAS Y KPIS

Una de las partes del proceso más tediosas para algunos emprendedores es el uso y análisis de datos. Sin embargo, son los números y las mediciones los que nos indicarán si vamos por buen camino y nos darán pistas sobre los cambios que debemos realizar para aumentar las ventas. A continuación, veremos cuáles son algunos de los datos principales que deberás recoger durante todo el proceso.

El proceso de optimización de conversión debe empezar con un objetivo en mente y antes de implementar los primeros cambios, es importante conocer ciertas métricas para tener un punto de comparación y para saber si nos estamos moviendo en la dirección correcta.

Hay un dicho del estratega de negocios Tom Peters que dice *"todo lo que puedes medir, lo puedes mejorar"*. Todo lo que nos representa o nos cuesta dinero, tenemos que medirlo para poder mejorarlo. Muchos emprendedores y empresarios ignoran la importancia que tiene medir las actividades que hacemos en nuestro día a día e ignoran el correcto análisis de datos y métricas que nos ayuda a facturar más.

Hay un término que se usa en análisis de negocios llamado KPI: *Key Performance Indicators*, o como se le conoce en español: Indicadores Claves de Desempeño. Los KPIs nos permiten conocer nuestro desempeño en ciertas áreas y el proceso que vamos obteniendo a través de las diferentes acciones que realizamos.

Un KPI sin un objetivo específico acoplado a él es un dato inútil que, por un lado, nos sobrecarga de números el cerebro y nos agobia, y por el otro, no nos ayuda en nada a mejorar nuestro negocio. Cada KPI debe tener un objetivo claro y definido a la hora de analizarlo para que nos pueda ayudar a determinar si ese objetivo se está cumpliendo o si al menos, estamos en vías de cumplirlo.

Sin embargo, como decía Einstein: *"No todo lo que puede ser contado cuenta, ni no todo lo que cuenta puede ser contado"*. Hay centenas de KPI que podríamos utilizar, pero no vale la pena analizarlos todos. Hay muchos KPIs que podría ser interesantes analizar, pero que no nos representan una mejora significativa en los resultados. En mi curso de Analítica web (www.CursoDeAnaliticaWeb.com) Entre otras cosas, explico 21 KPIs que son de suma importancia para muchos emprendedores. Aunque no todos se aplican a todos los negocios y cada emprendedor debe elegir los KPIs que mejor se adapten a su caso particular, muchos de ellos son de uso general para cualquier tipo de actividad comercial. (Paréntesis dentro del paréntesis: si por casualidad te interesaría estudiar mi curso de Analítica Web, escríbele a mi equipo a: info@keiwebco.com y menciónales que eres lector de este libro para que te hagan un descuento del 50% - Fin de la sinvergüenza autopromoción).

Para que un KPI sea relevante e importante en nuestro proceso de optimización de conversión, debe cumplir con tres requisitos:

1.- Debe ser capaz de medirse con frecuencia: un KPI que solo podemos medir dos o tres veces al año, no nos sirve. Tenemos que poder medirlo mensualmente, semanalmente y a veces, diariamente. La idea es que podamos ir haciendo ajustes lo más rápido posible, sin tener que esperar demasiado. El proceso de optimización de conversión es constante y en la mayoría de los casos, lento. No queremos empeorar las cosas midiendo de manera sumamente esporádica el desempeño de las acciones que implementamos;

2.- Debe representar un impacto significativo en el objetivo que queremos alcanzar: Si nuestro objetivo, por ejemplo, es facturar 50.000€/$ en un plazo de 30 días, de nada o poco nos sirve conocer el ratio de visitantes recurrentes que recibe nuestro sitio web. Mucho más útil sería averiguar el ratio de clientes potenciales a clientes de pago o el tiempo del ciclo de venta (es decir: cuanto tiempo pasa desde que los visitantes se exponen a nuestra propuesta de venta por primera vez, hasta que realizan la compra):

3.- Debe sugerir implícitamente una acción a tomar: Si vemos que nuestro ratio de *opt-in* (de suscripción) es de 7% (un valor bastante bajo en la mayoría de negocios) queda claro que la página de captura no está seduciendo al visitante o no le está dando razones de peso para que se suscriban. Es posible que el titular no llame la atención, que no esté quedando claro cuál es el beneficio de suscribirse, o inclusive, que la ubicación del formulario de captura en la página no sea la mejor. Al ver que este KPI es bajo, ya nos sugiere posibles cambios a realizar. Lo ideal es que la mayoría de nuestros indicadores claves de desempeño nos revelen ciertas pistas sobre el camino correcto a tomar.

Los KPIs más relevantes en CRO se relacionan con los puntos de conversión: ratio de *Opt-ins* (número de personas que se suscriben a un formulario), ratio de apertura de emails (relación entre cuántas personas recibieron un email y cuántas lo abrieron), ratio de clicks en un email (cuántas personas hicieron click en uno o varios enlaces de un email), ratio de visitantes a prospectos (porcentaje de visitantes que son realmente clientes potenciales), ratio de abandono del carrito de compras (cuantos carritos quedan sin completar del total de ventas que se realizan), etc., etc., etc. Esos son algunos KPIs que debemos tener en cuenta en el proceso de conversión.

Además de los KPIs, existen otras métricas que debemos tener en cuenta, pero que no influyen de manera significativa en el objetivo que queremos alcanzar. Cuando hablo de métrica, me refiero a cualquier dato que puede ser medido y contabilizado de una manera clara y específica, cualquier dato que pueda ser asociado a un número o porcentaje.

El porcentaje de clientes satisfechos en un negocio es una métrica. A través de una encuesta, podemos saber cuántos clientes de cada 100 se consideran satisfechos. Sin embargo, para que pueda ser realmente considerado una métrica, la respuesta a la pregunta *"¿Se encuentra usted satisfecho con nuestro servicio?"* solo puede ser "SÍ" o "NO". En ese caso, podemos contabilizar perfectamente cuántos "SÍ" recibimos y cuántos "NO" hemos obtenido.

Sin embargo, el grado de satisfacción de esos clientes, no puede ser considerado una métrica porque es imposible medir y contabilizar de una manera clara y específica el nivel exacto de satisfacción o insatisfacción de esos clientes. Cuando se les pregunta a las personas: *"del uno al diez, siendo diez 'sumamente satisfecho' y uno 'sumamente insatisfecho' ¿Cuál es su grado de satisfacción con nuestro servicio?"*, se obtienen respuestas sumamente subjetivas que ni el emprendedor, ni el cliente, pueden creer completamente. Estoy seguro que te ha pasado que, cuando alguna empresa te hace esa pregunta, no sabes decidirte entre un 7 o un 8 porque es imposible cuantificar una emoción (la satisfacción es una emoción que va de la mano con las expectativas particulares de cada persona y es imposible crear una tabla de medición única para todos los seres humanos del planeta). Aunque esto podría ser totalmente discutible, para mí, es ridículo decir: *"nuestros clientes están 87% contentos con nuestro servicio"*, mientras que sería perfectamente aceptable decir *"87% de nuestros clientes están satisfechos con nuestro servicio"* (el primer planteamiento es demasiado subjetivo y por lo tanto incuantificable, mientras que el segundo, se puede adquirir contando cuántos "SÍ" y cuantos "NO" obtenemos en nuestra encuesta de satisfacción).

Recuerda los tres requisitos que te mencioné anteriormente. Si una métrica no cumple con ellos, entonces no podemos considerarla un KPIs, pero eso no significa que no merezca cierto grado de atención de nuestra parte. A lo largo de este libro, conocerás varias métricas que son importantes observar y analizar, aunque no sean consideradas KPIs.

No está de más recalcar que no debes darle importancia a miles de métricas que se van poniendo de moda en Internet y que muchos emprendedores utilizan para fingir un éxito que no tienen o para presumir de ciertas situaciones que no traen resultados palpables (¡mooooooney! dineroooo!). Un par de ellos que me vienen a la mente en este momento, son: porcentaje de nuevos seguidores por semana en Twitter (el número de nuevos seguidores que consigamos cada semana en Twitter, no representa un impacto significativo en el aumento de nuestros ingresos, si no asociamos esos seguidores a una estrategia que nos permita cualificarlos como prospectos y posteriormente podamos convertirlos en clientes); el Klout score (el grado de "influencia" social que tienen los usuarios en las redes sociales. Jamás había visto algo tan absurdo y subjetivo como la "influencia" medida por el número de personas que siguen o interactúan con alguien en una red social).

Hay muchísimas métricas que son únicamente de vanidad y no te traerán ningún tipo de resultado palpable. Decirle a tus potenciales clientes "Tengo un Klout score de 88", con la intención de generarles un orgasmo 2.0 y que luego te salten encima para comprarte lo que les ofreces, no es en lo absoluto práctico, productivo ni realista.

CÓMO CALCULAR EL RATIO DE LOS PUNTOS DE CONVERSIÓN PRINCIPALES

Aunque existen herramientas que miden y calculan los diferentes ratios de conversión que nos interesan, es muy útil saber realizar el cálculo nosotros mismos (ya sueno como el profe de matemáticas del cole que nos obligaba a calcular raíces cuadradas de cabeza, en vez de usar la calculadora científica que nos pidieron al inicio del curso).

Verás que la manera de calcular los diferentes puntos de conversión es igual, lo que cambia son los datos que introducimos en la fórmula.

Veamos dos ejemplos:

RATIO DE *OPT-INS*

El Ratio de *Opt-ins* lo conseguimos a través de la siguiente fórmula:

Nº de opt-ins / Nº de visitas x 100 = % Ratio de Opt-in.

Veámoslo con un caso práctico:

Un sitio web de reformas y reparaciones quiere capturar personas en su base de datos y ha decidido ofrecerles a los visitantes una guía gratuita con 10 consejos para reducir el gasto de las facturas de luz, agua y gas. A través de diferentes canales de captación de tráfico, ha conseguido llevar 389 visitas a su sitio web y 78 de ellas han decidido descargarse la guía (han hecho *opt-in* en un formulario de captura). Para calcular el ratio de *opt-in* que ha conseguido, se realiza el siguiente cálculo:

78 / 389 x 100 = 20,05%

Ahora ya sabemos que la página de captura está obteniendo un 20,05% de ratio de *opt-in*. Si queremos obtener más suscriptores con el mismo número de visitas (sin aumentar el tráfico), entonces lo que debemos hacer es optimizar la página de captura para aumentar el ratio de *opt-in* a 25%, 30%, 35%.

RATIO DE VENTAS:

La fórmula es exactamente la misma que la de ratio de *opt-in*, lo único que debemos hacer es substituir los datos que introducimos:

N° de ventas / N° de visitas x 100 = % Ratio de ventas.

Veámoslo con un caso práctico:

Una empresa que ofrece servicios de contabilidad ha conseguido captar en un mes 6200 visitas. Luego de algunos intercambios de email y llamadas telefónicas con algunos clientes potenciales que han preguntado detalles del servicio luego de haber mirado su página web, logran cerrar 7 clientes nuevos. Para calcular el ratio de ventas, hacemos este cálculo:

7 / 6200 x 100 = 0,11% de ratio de ventas

Esa es una manera de calcular el ratio de ventas. Sin embargo, existen dos maneras diferentes de calcularlo:

1.- El ratio de visitantes a clientes;

2.- El ratio de clientes potenciales a clientes reales.

En mi caso, yo prefiero calcular el ratio de clientes potenciales a clientes reales porque tengo conciencia que hay muchos factores que influyen en el tráfico que recibo en mis sitios web y sé que siempre suele haber visitas de personas que no forman parte de mi público ideal, bien sea porque no poseen el perfil demográfico de mi público, o porque se encuentran en una etapa del ciclo de compra en la que únicamente están explorando opciones, pero sin un interés o necesidad real como para decidirse a comprar.

Un cliente potencial es una persona que ha demostrado que cumple con el perfil de nuestro cliente ideal, tiene un deseo o necesidad que nuestro producto o servicio puede satisfacer y, además, ha interactuado con nuestro sitio web (o con nuestra empresa) de una manera clara y evidente (suscribiéndose, contactándonos, agregando un producto al carrito, etc.).

Veámoslo de manera práctica usando el mismo ejemplo de la empresa de servicios de contabilidad:

En un mes consiguieron 6200 visitas a su sitio web y 48 personas los contactaron a través de email y teléfono. Conociendo estos datos, el cálculo no se haría en base a las 6200 personas que entraron al sitio, sino a las 48 personas que contactaron (los clientes potenciales):

7 / 48 x 100 = 14,58% de ratio de ventas.

Como puedes ver, dependiendo del abordaje que decidas tomar a la hora de calcular el ratio de ventas, puedes obtener un número tan bajo como 0,11% o uno mucho más interesante como 14,58% y es aquí donde muchos emprendedores y empresarios comienzan a auto-engañarse y a celebrar triunfos falsos.

Los ratios de conversión únicamente sirven como valor referencial, no sirven para nada más. Los usamos para tener un punto de partida, un punto de comparación, que usaremos para plantearnos objetivos claros, concretos y precisos que nos ayudarán a aumentar las ventas. A nadie le importa que tus ratios de ventas sean de 0,05% o de 70%. Esto únicamente te debe importar a ti y a los miembros de tu empresa.

Recuerda que todo lo que hacemos en optimización de conversión, lo hacemos para aumentar las ventas. En párrafos anteriores te comenté que uno de los errores que se suelen cometer es obsesionarse por aumentar conversiones en vez de poner toda la atención en aumentar las ventas. Se suele creer que, si hacemos que las conversiones aumenten, aumentarán nuestros ingresos, pero muchas veces pasa lo contrario. Si estás enfocado en optimizar las conversiones erradas o si, por ejemplo, en el intento de aumentar el ratio de *opt-ins*, creas un incentivo que es mucho más atractivo para el tipo de público errado en vez de para nuestro perfil de cliente ideal, no lograrás cerrar las ventas. Lo mismo sucede si te obsesionas por aumentar el ratio de visitantes a llamadas telefónicas y luego pasas todo el día al teléfono con personas que no tienen un interés real por lo que les ofreces, en vez de usar ese tiempo para cerrar a verdaderos clientes potenciales.

Utiliza los ratios de conversión para ti. No los uses como datos de vanidad ni para impresionar a tus competidores o clientes. Úsalos como herramienta de medición y comparación.

RATIOS DE CONVERSIÓN "ESTÁNDAR"

Primero que nada, me gustaría aclarar que la palabra "estándar" no está entre comillas por accidente. La he puesto de esta manera, porque no existe tal cosa como "estándar" cuando hablamos de ratios de conversión. Cada sector es diferente, cada tipo de conversión es diferente, inclusive, cada fuente de tráfico trae ratios de conversión diferentes. Si conseguimos un ratio de ventas del 4% al enviarle un email a nuestra base de datos de clientes, no podemos esperar tener el mismo ratio de ventas cuando creamos una campaña publicitaria en Facebook.

En vez de intentar conocer los valores que podrían considerarse normales, te sugiero que más bien te plantees la pregunta: *"¿Cuánto es un ratio de conversión normal en mi negocio?"* Luego, solo deberás crear una estrategia para aumentar ese valor. En otras palabras: usa tu propio caso y experiencia como estándar y enfócate en aumentar tus números.

Si te enteras de que en tu sector un ratio "estándar" de ventas es del 1.5%, pero tú estás consiguiendo solamente un 0.89%, no quiere decir que estés haciendo algo mal. Independientemente de lo que pueda considerarse normal, tu atención debe estar concentrada en aumentar tus ventas. Para que tus ingresos aumenten, solo tienes que conseguir pasar de 0.89% a 0.95%, 0.99% o 1.3%.

Te cuento un caso particular: algo que a mí me solía frustrar mucho, es el ratio de clicks que consigo en los emails que envío a mi lista de suscriptores. Solamente alrededor del 5-6% de las personas que reciben mis emails, hacen click en el enlace (o los enlaces) donde los llevo a una página de venta o cualquier otra página donde deseo generar una conversión. Aunque 5-6% está por debajo del valor "estándar" de mi sector (que por cierto: ni me consta que los valores que publiquen los competidores sean reales) mis ventas han venido aumentando al mejorar la conversión de otros puntos que acercan al cliente potencial a la decisión de compra. Podrías estar en una situación en la que uno o dos de tus puntos de conversión no está generando los ratios esperados, pero los otros puntos están teniendo un muy buen desempeño.

Establece tu propia meta y trabaja por conseguirla, sin importar las conversiones que otras empresas de tu sector estén consiguiendo.

MICRO-CONVERSIONES Y MACRO-CONVERSIONES

Para poder alcanzar un objetivo general, generalmente debemos lograr varios objetivos específicos. Hay un concepto de productividad que me gusta mucho y que suelo aplicar en todo lo que hago, que es el de micro-metas. Cuando tenemos una meta muy importante que queremos conseguir y nos sentimos de alguna manera agobiados con todo lo que tendremos que hacer para alcanzarla, es muy útil dividirla en micro-metas (o como algunos le llaman, "pequeños triunfos") que dividen el objetivo principal en un proceso por etapas, mucho más fácil de seguir y con posibilidades de medir los resultados que vamos obteniendo en cada una.

Lo mismo sucede con el CRO. Hay puntos de conversión que requieren de varias micro-conversiones y debemos ser capaces de identificarlas, para poder llevar a nuestro visitante de la mano a través de toda la secuencia de acciones que queremos que realicen para que consigamos la venta.

Si usamos el ejemplo de una tienda online, algunas de las micro-conversiones que debemos obtener antes de conseguir la venta, serían:

1.- Visitante hace click en el producto;

2.- Visitante selecciona el modelo/tamaño/color del producto;

3.- Visitante hace click en el botón de "Agregar al carrito";

4.- Visitante rellena sus datos personales, dirección de envío e información de pago;

5.- Visitante hace click en el botón de finalizar la compra.

Si lo que buscamos es que un visitante se suscriba a nuestra lista de correo y nuestro punto de conversión, en este caso, es el *opt-in*, hay varias micro-conversiones que deben producirse para alcanzar nuestro objetivo y debemos medirlas, analizarlas y modificarlas siempre que sea necesario, para obtener los resultados que esperamos. Vemos un ejemplo de las micro-conversiones que serían necesarias para generar un opt-in:

1.- Visitante lee el titular de la página de captura;

2.- Visitante visualiza el vídeo que se encuentra en la página;

3.- Visitante hace click en el botón de suscribirse;

4.- Visitante rellena sus datos en la ventana emergente;

5.- Visitante hace click en el botón de completar el registro.

Al usar herramientas de rastreo y monitorización nos daremos cuenta que algunas personas no se registran, porque ni siquiera han reproducido el vídeo que hemos colocado en la página para explicarles los beneficios que obtendrán o porque han decidido no darnos sus datos luego de ver lo que les pedimos en el formulario de suscripción.

Si analizamos al detalle cada una de las micro-conversiones necesarias para generar una venta, posiblemente encontraremos fallos y fugas que debemos arreglar. Es posible que descubramos bloqueos entre un paso y el otro que nos están haciendo perder ventas.

Para cada punto de conversión puede haber tantas micro-conversiones como sea necesario, pero mientras menos haya, más fácil conseguiremos la conversión. Si lo que queremos es conseguir una llamada por parte del cliente, sería ridículo hacerlo pasar por todo un proceso de registro, solicitándole datos irrelevantes para la llamada y haciendo todo el proceso muy complicado y extenso, mientras que si vamos directo al grano y le evitamos al visitante pasos que no son estrictamente necesarios, entonces estaremos mucho más cerca de la conversión.

A lo largo de este libro irás descubriendo métodos, herramientas, trucos y muchas ideas que podrás implementar en tu negocio para conseguir muchas más ventas, sin necesariamente, tener que aumentar el tráfico que recibes en tu sitio web. Si actualmente tu tráfico es prácticamente nulo, pues entonces deberás comenzar por generar más visitas. Pero si por el contrario, ya estás recibiendo un número aceptable de visitas a tu sitio web, te darás cuenta que comenzarás a generar más ventas con tan solo implementar algunos de los consejos que te contaré en los siguientes capítulos.

CAPÍTULO 2:

Conociendo a tus visitantes y prospectos

E
l principio más básico y elemental de los negocios es: dale a tu público lo que él quiere y él te dará lo que tú quieres.

Lo difícil en ese planteamiento es poder conocer a ciencia cierta lo que nuestro público quiere. Para que podamos tener un negocio exitoso, con un nivel de ingresos que nos satisfaga, es importante conocer a fondo las necesidades, deseos, preconceptos, objeciones y frustraciones de nuestro cliente. Debemos conocer al cliente prácticamente mejor de lo que él se conoce a si mismo. Debemos ser capaces de entenderlo y comprender por qué actúa de la manera que lo hace. Debemos conocer lo que le motiva, lo que le seduce, lo que hace que se levante de la cama todas las mañanas. Al mismo tiempo, debemos conocer lo que le detiene, lo que lo asusta, lo que le hace desconfiar.

A través de un estudio de mercado podremos conocer las respuestas a muchas de estas interrogantes. Pero déjame advertirte algo: la frase "estudio de mercado" suele asustar o agobiar a muchos emprendedores, porque lo ven como un proceso demasiado complicado, laborioso y costoso. Sin embargo, lo que queremos conseguir con el estudio de mercado son respuestas, eso es todo. Comenzamos con ciertas hipótesis generadas a través de la lógica empírica o por referencias de otras fuentes y a través del estudio, lo que queremos es confirmarlas, evaluarlas, modificarlas o descartarlas.

El estudio puede ser tan simple o tan complicado como cada emprendedor quiera hacerlo, siempre y cuando, se consigan las respuestas que se necesitan.

La forma más básica de estudio o investigación de mercado se compone de 4 elementos:

1.- OBSERVACIÓN

Cuando elegimos un sector del mercado a atacar, generalmente lo hacemos por cierto grado de conocimiento previo del mismo. Raramente un emprendedor decide iniciar un negocio en un área de la cual no tiene el más mínimo conocimiento. Al movernos en ese sector y al mezclarnos con el público, frecuentando los lugares que él visita (dentro y fuera de Internet) y comprando los productos o servicios de ese sector, logramos tener una buena noción de las necesidades y deseos que manifiestan las personas.

Antes de iniciar nuestro negocio, la observación debe realizarse desde la perspectiva del propio cliente, debemos convertirnos en clientes asiduos al tipo de producto o servicio que vamos a comercializar. Si quieres abrir un restaurante de comida japonesa, lo ideal sería que frecuentes varios restaurantes de este tipo y observes lo que las personas suelen pedir frecuentemente, el tipo de reacción o interacción de las personas con la comida, con los colaboradores del restaurante y con la gerencia. Si quieres crear una agencia de viajes por Internet, sería bueno realizar varias reservas en diferentes sitios web, leer los comentarios de otros usuarios con relación a esos sitios web, leer las conversaciones de los usuarios en foros y en las redes sociales, etc.

Cuando tenemos un negocio en funcionamiento que ya cuenta con clientes, debemos usarlos a ellos mismos para entender muchas de sus necesidades y frustraciones. Basta con analizar su comportamiento dentro de nuestro sitio web para tener una idea sobre los cambios que debemos implementar para generar mejores conversiones.

2.- CUESTIONARIO

Algo tan simple, pero tan subestimado, como preguntarle al público lo que quiere, lo que necesita, lo que le satisface, etc. Bien sea a través de una encuesta (dirigida a varias personas del sector que queremos atacar) o a través de una entrevista ("uno a uno", preguntándole directamente a la gente para conocer sus preferencias personales) lo que queremos conseguir a través del cuestionario, es información salida directamente de la boca de nuestro público.

El cuestionario debe ser muy corto, claro y conciso para no aburrir a las personas, ni dejarles sentir que estamos haciéndoles perder su valioso tiempo. Hay muchas maneras de preguntar sin que suene a encuesta o interrogatorio. Dependiendo del público al que estemos atacando, debemos buscar la mejor manera de hacerlo para conseguir las respuestas que necesitamos.

Es importante aclarar que las respuestas que recibamos, debemos tomarlas con cierto grado de cuidado y escepticismo. Muchas personas están condicionadas para querer quedar siempre bien y nos podrían dar respuestas que, ellos sospechen son las queremos escuchar, en vez de darnos las respuestas reales. Debemos plantear nuestras preguntas de tal manera que se entiendan, pero sin darles pistas de lo que sería la respuesta "correcta".

3.- RECOPILACIÓN DOCUMENTAL

En este caso, usaremos datos de otras fuentes para llegar a una posible conclusión. Para esto, debemos realizar una investigación de la misma manera como lo haríamos cuando queremos escribir un libro, ensayo o tesis. Hoy, esto es relativamente fácil de hacer, porque casi todo lo encontraremos en Internet.

Es conveniente analizar publicaciones de nuestro sector, tanto oficiales como no oficiales. En ocasiones, a través de blogs de nuestro sector, encontraremos datos sumamente valiosos que nos ayudarán a entender mejor a nuestro público. Debemos estar atentos a lo que las personas comentan en otras páginas, lo que comparten en las redes sociales, los recelos o preconceptos que manifiestan al dirigirse a otras empresas del sector, etc.

También, debemos usar las plataformas online que nos revelan información basada en sus usuarios, como, por ejemplo: el planificador de palabras claves de Google (para saber qué es lo que las personas están buscando en Internet), Google Trends (para conocer las tendencias de búsqueda en una época específica del año y una zona geográfica) Facebook Insights (la cual nos revela datos demográficos sobre las personas que frecuentan una determinada página de fans en Facebook) entre muchas otras.

4.- TEST

Es aquí donde pondremos a prueba todas nuestras hipótesis iniciales, pero también, las que hemos ido generando a través de la observación, el cuestionario y la recopilación documental. En ciertos casos, la teoría difiere bastante de la práctica y es importante que logremos constatar si nuestro público realmente se comportará de la manera que hemos predicho.

Las personas, generalmente no tenemos claro lo que queremos. Muchas veces creemos que sí, pero en la práctica, tenemos muchas dudas. Se ha contado en varias oportunidades que Steve Jobs (el fundador de Apple) no creía lo que decían los consumidores de sus productos, porque alegaba que las personas no saben lo que querían hasta que se lo pones delante. Muchos años antes Henry Ford mencionó algo similar, diciendo que si le hubiese preguntado a las personas lo que querían, hubiesen respondido "caballos más rápidos". Como nosotros no somos Steve Jobs, ni Henry Ford, ni tampoco manejamos una de las empresas más poderosas del mundo, debemos poner a prueba la información que hemos recolectado.

A través de los *tests* o pruebas, podemos presentarle al público variaciones de lo que ellos mismos nos han dicho que quieren de nuestra parte. La idea no es ofrecerles a las mismas personas diferentes opciones, sino a diferentes personas, presentarles diferentes opciones. Los dividiremos en grupos diferentes para hacer *Split tests* (más adelante hablaremos de esto) y medir con cuáles variaciones de nuestro producto o servicio, bien sea a nivel de características, presentación, precio, opciones, métodos de pago, etc., obtendremos resultados más cercanos a la información que habíamos recopilado.

DEFINIENDO NUESTRO "AVATAR"

Cuando hablo de Avatar, no me refiero a los personajes azules de la famosa película de James Cameron, ni del *"Avatar Airbender"* de la otra película basada en los libros de "La Leyenda de Aang", ni tampoco me refiero a aquella imagen de perfil que solemos poner en los foros de internet a la cual, también le llaman "avatar". En Marketing y negocios, este término no se usa para nada relacionado con ciencia ficción, pero sí tiene de alguna manera, relación con una historia.

El Avatar es el perfil, perfectamente creado y definido, de nuestro cliente ideal. Quién es, qué edad tiene, dónde vive, cómo se gana la vida, en qué se gasta su dinero, a qué le da valor, a qué le teme, qué lo seduce, qué lo hace enfadar, qué le duele y de qué sufre.

La gran mayoría de emprendedores, solo son capaces de definir a su cliente ideal en términos muy abstractos, como, por ejemplo: "mujeres de 30 a 70 años que tengan hijos". Eso es una descripción sumamente vaga y carece de muchas características importantes para poder construir una estrategia de conversión que nos genere ventas.

Para que la creación y definición del Avatar sea correcta, debemos pensar en él como el personaje de una historia. En escritura creativa, cuando se definen los personajes, se crea un perfil completo de ellos. Inclusive, se agregan datos que, aunque no aparecerán en la historia, ayudan a entender por qué un personaje se comporta de una manera u otra. Es una descripción sumamente detallada que va desde la infancia o juventud del personaje, hasta una edad más avanzada. Así mismo debemos crear el avatar de nuestro cliente.

Este tema es muy importante, pero muy subestimado por muchos emprendedores. Algunos consideran que esto es una pérdida de tiempo y otros se sienten "ridículos" al hacerlo, porque creen que están jugando a escribir historias y no comprenden el uso práctico tan importante de la creación del Avatar. Si no conocemos perfectamente bien a nuestro cliente, crearemos una comunicación abstracta, que intente llegarle a muchos y al final, el mensaje no resonará con casi nadie. Además, será sumamente difícil crear una propuesta única de ventas con la que nuestro público objetivo se sienta totalmente identificado.

Si en algún momento has intentado definir a tu avatar de una manera tan clara y detallada como aquí te lo he recomendado, posiblemente te has encontrado en la situación de sentir que no tienes datos suficientes de tu cliente, como para poder crear una descripción tan explícita y, déjame decirte que: tienes razón. Cuando describimos al avatar, debemos usar una combinación de datos reales (extraídos a través del estudio de mercado) y datos de alguna manera, ficticios o imaginados.

Lo más difícil, en realidad, es tratar de unificar en un solo personaje a todos nuestros clientes, sabiendo que cada persona tiene muchas características particulares que la diferencian de otras. Aunque definamos en un solo avatar a todos nuestros clientes, habrá variaciones y excepciones que rompen con la descripción que hemos hecho.

Pero esto no debe preocuparnos demasiado, ya que, buscaremos plasmar en ese avatar, las características que son comunes en la mayoría de personas de dentro de nuestro público objetivo. Lo primero que debemos hacer, es distinguir a nuestro cliente a través de varios criterios de segmentación.

SEGMENTACIÓN GEOGRÁFICA, DEMOGRÁFICA Y PSICOGRÁFICA

Esta es una de las bases fundamentales de cualquier negocio y del marketing. Verás que prácticamente todos los libros de marketing que existen hablan de la segmentación del público a través de estos tres factores. Cuando la misma información se repite tantas veces, algunas personas la consideran "más de lo mismo"; yo la considero: "...tan importante que conviene recordarla tantas veces sea necesario".

A la hora de segmentar geográficamente a nuestro avatar, debemos pensar en: el continente donde vive, el país y la ciudad. Además, debemos considerar el clima e inclusive, el tamaño de la población en esa zona. El factor geográfico afecta otros criterios de segmentación, ya que, las personas de un pueblo con 20.000 habitantes tendrán que ser abordadas de una manera diferente que las personas de una gran ciudad con dos millones de habitantes.

A nivel de segmentación demográfica, lo que queremos es definir el rango etario de nuestro público objetivo, su género, ocupación, nivel de estudios, nivel de ingresos, estado civil, preferencia sexual, procedencia étnica, etc. Estas son características bastante heterogéneas y nuestro público estará compuesto de varias de ellas. Dependiendo de nuestro modelo de negocio, podríamos atacar únicamente a un segmento de cada una de esas características demográficas (por ejemplo: solo para solteros, solo para caucásicos, solo para hombres, etc.) pero en muchos casos, tendremos a personas que pertenecen a un mismo grupo, pero con características diferentes de los demás (por ejemplo: todos con un nivel de estudios superior, pero tanto hombres como mujeres, tanto heterosexuales como homosexuales, etc.). Lo importante es definir las características que más nos interesan a la hora de comunicarnos con ellos y de presentarles nuestra propuesta de venta.

Los factores psicográficos influyen de manera bastante considerable en las decisiones del cliente. Algunos de estos incluyen: Idiosincrasia (o tendencia cultural), personalidad, estilo de vida, clase social, religión (o carencia de), etc. Aunque todos los tipos de segmentación son importantes, el factor psicográfico tiene una gran de importancia en el marketing e influye de manera especial en las ventas. Por esto, le dedicaré un poco más mi atención.

CLASE SOCIAL

En este caso, no me enfocaré en los factores financieros que determinan la clase social de una persona, sino más bien, cómo su mentalidad, comportamiento y hábitos de compra se ven afectados por su clase. Sin caer en discusiones filosóficas sobre el dinero, debemos aceptar que una persona de clase alta se suele comportar de una manera muy diferente a una persona de clase baja. Aunque hay muchísimas excepciones y siempre encontraremos a pobres que se comportan como ricos y viceversa, la presión o influencia social hace que muchos tengan un comportamiento muy similar.

Las personas de cualquier estrato social, cuando se reúnen en grupos, suelen influenciar y ser influenciadas por las decisiones de compra de los demás individuos que pertenecen al grupo. Por instinto o por opción, se suelen relacionar con personas de intereses y vidas similares y, para sentirse integrados en el grupo, harán lo que los demás hacen. Nosotros como emprendedores debemos observar, analizar y entender cómo se comportan las personas del estrato social al que vamos a atacar y usar esa información para crear nuestra propuesta de ventas y el mensaje para transmitirla.

Un spa, por ejemplo, debe observar, analizar y entender a las amistades, familiares y allegados de los clientes que visitan su espacio. ¿De qué hablan? ¿Qué les llama la atención? ¿Cuáles son aquellos productos o servicios que ese estrato social debe adquirir para que el resto del grupo no los rechace o para que el resto del grupo los admire (o envidie)?

Una tienda de productos artesanales debe hacer lo mismo; al igual que una empresa de alquiler de yates o una de reformas *low-cost*. Si conocemos y entendemos lo que el círculo social de nuestro cliente valora o desprecia, usaremos el factor de grupo y el ego personal de nuestros clientes a nuestro favor.

Hay sectores en los que la clase social no es muy relevante, pero siempre existe algo de influencia en lo que las personas decidirán adquirir. Inclusive en entornos B2B (*business to business* o de negocio a negocio) las personas que toman las decisiones en la empresa reflexionarán sobre el impacto social que podría causar adquirir (o dejar de adquirir) un producto o servicio.

PERSONALIDAD

Obviamente, cada persona es diferente y es imposible clasificar a todos nuestros clientes potenciales a partir de un tipo de personalidad específico, pero generalmente, hay muchas características comunes entre ellos, sobre todo en nichos de mercado en los que la personalidad del comprador es parte la razón de la existencia del producto o la empresa. Los moteros, los surfistas, los hippies o bohemios, los góticos, los *nerds* o *geeks*, etc. Todos hacen que muchas empresas hayan decidido iniciarse gracias a la personalidad de este tipo de público.

Tu empresa debe reflejar algo de tu público. Tu posicionamiento de marca y todos sus elementos, tanto los visuales, como los verbales y los vivenciales, deben transmitir la personalidad de tu público. Si tus clientes son altos ejecutivos de un sector específico: ¿Cómo se suelen comportar? ¿Cómo es su carácter? ¿Cómo reaccionan ante las decepciones? ¿Cómo suelen expresar (o inhibir) sus emociones? Debes responder a estas preguntas pensando en tus clientes, sean ellos amas de casa, personas de la tercera edad o adolescentes. Luego, debes observar y analizar todos los detalles de tu marca y tu propuesta de venta para asegurarte que tu negocio refleja esa personalidad.

ESTILO DE VIDA

El estilo de vida tus clientes engloban sus ideales, valores, sueños, metas, opiniones, intereses, etc. Las decisiones de compra muchas veces están basadas en sus motivaciones personales y en la manera como ellos desean vivir sus vidas. Es importante tomar en cuenta lo que tus clientes valoran, defienden, creen, cómo reaccionan ante el cambio, su tendencia a mantener el *status quo*, etc., etc., etc., Inclusive, debemos tomar en cuenta lo que ellos suelen hacer para pasar su tiempo libre, la importancia que le dan a su salud y su opinión y actitud ante el medio ambiente.

No caigas en el error de pensar que todos estos detalles son una tontería para tu negocio, porque vendes repuestos o recambios para maquinarias, servicios de limpieza industrial o cualquier producto o servicio que consideres que no tiene ninguna relación con el estilo de vida de quien te compra. Hasta ahora, ninguna máquina ha sido programada para tomar decisiones de compra y por más avanzada que esté la inteligencia artificial actualmente, siguen siendo los seres humanos los que deciden comprar o no comprar algo. Toda esta información del estilo de vida de tus clientes te será útil para tu redacción comercial, para llegar a las emociones de tus compradores y para conseguir que visualicen el resultado final como parte coherente y compatible de su estilo de vida o el estilo de vida que su empresa quiere transmitir.

Como te he mencionado anteriormente, no buscamos cortar a todos nuestros clientes con la misma tijera, pero debemos identificar las características mayoritarias del grupo y hablarles en su lenguaje, adoptando y adaptando nuestra marca y propuesta de ventas a sus valores para conseguir que tomen acción más fácilmente.

LOS 4 TEMPERAMENTOS DEL CLIENTE *ONLINE*

Dicen que cada cabeza es un mundo. Cada mundo tiene su propia manera de gobernarse y de percibir lo que le rodea. Así funciona nuestra mente, y lo que hacemos con ella, depende exclusivamente de nuestro pasado, nuestras relaciones, nuestros genes y poca cosa más.

Aunque definamos muy bien a nuestro avatar y tengamos muy claro cuál es el perfil de cliente que buscamos, nos encontraremos con cuatro tipos de temperamentos que generarán conversiones diferentes. Es importante recordar que el marketing tiene un alto grado de psicología y como las piernas aún no son capaces de tomar decisiones de compra, tenemos que seguir apelando al cerebro.

Conocer estos cuatro temperamentos nos ayudará en la comunicación con nuestro cliente y en la manera como le presentamos nuestros argumentos para convencerlo de que nos compre. Cuando diseñamos la estructura de nuestro sitio web y creamos su contenido, debemos dirigirnos a estos cuatro temperamentos a través de diferentes elementos.

Aunque posiblemente las descripciones que te mencionaré a continuación difieran un poco (o mucho) de los mismos conceptos en psicología, ejemplifican perfectamente los temperamentos de nuestros clientes:

1.- El cliente Lógico: Es la persona analítica, meticulosa, que busca los detalles y los estudia detenidamente. Quiere conocer sobre tus políticas y condiciones, cómo lidias con los problemas y aunque es escéptico, quiere creer. Solo necesita pruebas contundentes de que lo que dices, es cierto. Le atraen los datos y argumentos muy bien sustentados y por otro lado, descartan argumentos emocionales y que apelen a sus instintos. Se tomará su tiempo en evaluarte, buscará opiniones en Internet y las estudiará con detenimiento. Querrá encontrar respuestas a interrogantes que el sitio web no le haya podido aclarar así que, si su interés es suficientemente alto, te contactará para que le amplíes los detalles. Es de las personas que entra varias veces al sitio web, en momentos y días diferentes, para leer nuevamente lo que ya había leído y para comprobar si todo continúa igual. Este tipo de temperamento es muy parecido al cuarto que verás más adelante (el Competitivo) pero digamos que es una versión más "amigable" del mismo.

2.- El cliente Impulsivo: Es de los más emocionales y suele tomar decisiones rápidas e inmediatas, tan pronto siente una pequeña descarga de adrenalina interna que lo motiva. Generalmente es de aquellos que quiere resultados inmediatos, casi no se detienen a pensar en las consecuencias de una mala decisión, porque para él, el riesgo casi siempre es nulo. No necesita muchas explicaciones, se salta el texto del sitio web y va buscando los botones y enlaces donde pueden pasar a la siguiente fase. La manera más rápida de perder a un impulsivo es dándole más razones y más argumentos sobre lo buena que es tu propuesta. Él no quiere saber nada de esto, ¡quiere comprar! Por esto, es sumamente importante que todo el proceso de compra sea lo más amigable, directo e intuitivo, porque al impulsivo, le suele dar pereza pensar y resolver problemas. Desde luego, para que el impulsivo tome una decisión, tiene que sentirse atraído (y en su perspectiva: tentado) por lo que ofreces, así que, hay que dirigirse a él pintándole el resultado final, el beneficio que obtendrá y cómo será su vida luego de que te haya comprado. Con el impulsivo, las técnicas de generación de escasez y urgencia suelen funcionar muy, pero muy bien.

3.- El cliente Empático (o humanista): Es aquella persona que se preocupa por los demás, se pone en sus zapatos, quiere saber de qué manera tu producto o servicio ha ayudado a otras personas y cómo sus vidas han mejorado gracias a ti. Quiere conocer más sobre ti y sobre la empresa, sobre sus colaboradores, sobre sus credenciales o reconocimientos. Suele preferir el contacto directo, en vez de tener que interactuar con una máquina. Suele ser el que te contacta para preguntarte lo mismo que ya leyeron en tu sitio web, pero no lo hacen por la información adicional que puedas brindarle, lo hacen para que un ser humano se las diga. Generalmente, suele ser muy influenciado por la tendencia social, así que, le dará prioridad a aquellos productos y servicios que son muy usados y recomendamos por otras personas. Si centenas o miles de personas están usando un producto, es razón suficiente para ellos también usarlo. Al mismo tiempo, este tipo de persona, toma decisiones de una manera sumamente lenta porque suelen ser indisciplinados, dispersos y distraídos.

4.- El cliente Competitivo: generalmente es un persona productiva, disciplinada, ambiciosa, con mucha integridad y muy exigente. Suele buscar y seleccionar lo mejor de lo mejor y cuando lo encuentra, es sumamente fiel. Si tu producto o servicio lo hace ser más rápido, más eficiente, más saludable, más atractivo, más inteligente, etc., se mostrará interesado, pero no tomará una decisión hasta no conocerlo absolutamente todo sobre ti y tu producto. Este tipo de persona suele ser muy escéptica y necesita pruebas sólidas para poder tomar una decisión. Es de aquellos que suele leer muy bien la información, no solo para documentarse y respaldar su decisión, sino también buscando incongruencias, inconsistencias e información discutible. Este tipo de clientes no busca razones para comprar, sino más bien, busca razones para no hacerlo e irse a otro sitio. Normalmente, no suele tomar una decisión de inmediato, sino que prefiere comparar varias opciones, mantenerlas vigiladas y a la más mínima señal de cualquier cosa negativa, la descarta y continúa con el análisis de las siguientes. También es el tipo de cliente que suele hacer muchas preguntas antes de comprar y el que estará muy contento de señalarte tus errores. En mi experiencia a través de estos años trabajando con miles de clientes, he visto que este perfil suele pertenecer también a aquellas personas que en el fondo te gritan: *"Hazme creerte!! quiero creerte!!...pero igual no te creeré nada de lo que me digas!!"*. Quieren satisfacer un deseo o necesidad, saben que tú la ofreces, pero son demasiado analíticos y escépticos como creer y aceptar cualquier argumento que les des.

Es importante destacar que todos nosotros solemos manifestar dos o más temperamentos, dependiendo del rol, del momento y de la condición, así que, es importante ofrecer argumentos para cada uno, tanto en el sitio web como en las diferentes etapas del ciclo de venta. No buscamos encasillar a nuestros clientes en uno u otro grupo, pero conviene recordar que, a nuestro sitio web, llegarán muchas personas con perfiles psicológicos diferentes y debemos apelar a cada uno de ellos a través de diferentes maneras.

ETAPAS DEL CICLO DE COMPRA DEL CONSUMIDOR

Para que pueda realizarse una venta, el consumidor debe haber pasado, interna y externamente, por varias etapas que lo llevaron a sacar el dinero de su bolsillo y dártelo a ti a cambio de algo. Cada una de estas etapas genera conversiones diferentes, en momentos diferentes. Partiendo del hecho que tienes un buen producto y con una relación calidad-precio aceptable, si no logras generar la conversión que esperas, es muy probable que haya una discordancia armónica entre tu comunicación con el cliente y la etapa del ciclo de compra en la que él se encuentra. En esta parte te hablaré de las diferentes etapas por las que pasa el consumidor antes de comprar, para que las tomes en cuenta en todo el proceso de optimización de conversión:

Reconocimiento del problema/deseo/necesidad: El primer paso es que nuestro cliente tenga conciencia que necesita o desea lo que nosotros tenemos para ofrecerle. Si el cliente no lo sabe, será muy difícil convencerlo. En ocasiones el cliente se da cuenta por si solo (*"creo que voy a tener que comprarme otro teléfono, porque el mío está fallando y además es muy antiguo"*). En otros casos, las empresas le hacen cuestionarse, a través de publicidad o contenidos informativos, si su vida no sería mejor al adquirir este o aquel producto. No obstante, si el cliente reconoce que su vida efectivamente sería mejor con este o aquel producto, pero no lo ve como una necesidad real, no le dará importancia al asunto y lo olvidará. Es aquí donde entramos nosotros los *marketers*. A través de la publicidad, comunicación y persuasión, hacemos que el cliente no lo vea como una necesidad, sino que se transforme en un deseo de adquirirlo y posteriormente, se intente hacer creer a él mismo, que no es un capricho, sino una necesidad real.

Búsqueda de Información: Es aquí donde la persona empieza a documentarse sobre los detalles necesarios para poder satisfacer su deseo o necesidad e investiga para conocer las diferentes opciones que existen.

Esta etapa es tan breve o tan extensa como sea la complejidad del producto o servicio a adquirir (informarse sobre cuál *Smartphone* es mejor, requiere de mucho más tiempo que informarse sobre cuál sombrero es mejor). El cliente suele buscar opiniones y sugerencias de otras personas que ya hayan adquirido ese tipo de producto o servicio y en muchos casos, la información que las otras personas puedan ofrecer tiene mayor importancia que la información que el cliente pueda encontrar por sí solo. También, suele buscar información que ya posea de situaciones, necesidades o deseos similares (recuerdos). Usará su experiencia previa (lo que ha vivido, visto o escuchado anteriormente) como parte de la información necesaria para poder decidirse. Cuando ya posee información suficiente, estudiará muy bien las características, condiciones y cualquier otra información que sirva de prueba y fundamento para considerar seriamente su compra.

Evaluación de opciones: Generalmente, las personas pueden estar indecisas entre dos o más empresas, o inclusive, entre dos o más productos/servicios de la misma empresa. Cuando existen más de dos opciones, la situación se complica bastante, haciendo esta etapa casi eterna para algunos clientes. El consumidor quiere elegir la mejor opción y no quiere cometer un error del cual luego pueda arrepentirse. Tiene un peso importante en sus hombros y, considerando que la gran mayoría de las personas no quiere ser responsable de sus propios errores (sino que buscará mil y una excusas de factores externos que le hicieron fallar) se tomará su tiempo para decidir. En esta etapa del proceso, la imagen de marca de la empresa (su *branding*) juega un papel sumamente importante. Cómo esa persona perciba a la empresa que podría ser la solución a su problema, deseo o necesidad, será un factor bastante influyente en su decisión. Muchas personas eligen comer hamburguesas en McDonald's, en vez de en Burger King, por sus recuerdos de infancia y el posicionamiento que tiene la marca de los años dorados. Si la otra empresa que el cliente está considerando (además de la nuestra) le ofrece una mejor propuesta de valor, mejor propuesta de ventas, mejor atención al cliente o simplemente, se muestra con un sitio web de apariencia mucho más profesional, entonces el cliente se decidirá por ella y no por nosotros.

Decisión de Compra: Este es el momento que todos los emprendedores esperamos, cuando el consumidor saca su tarjeta (o efectivo) y está decidido a dárnoslo; no necesita muchos más argumentos, la decisión ya está tomada. Cuando el cliente potencial se encuentra en esta etapa, debemos conseguir la mayor cantidad de conversiones posibles. Si el cliente que ha llegado hasta aquí sigue sin comprarnos, hay algo que no está bien con nuestro proceso de compra. Tendríamos que analizar muy bien nuestro sitio web para descubrir si algo podría estar siendo muy confuso para nuestro cliente o si hay algo en particular que lo podría estar echando para atrás. Aquí, es muy útil contar con un sistema de chat en vivo y en directo en nuestro sitio web para ayudar a resolver cualquier duda o inquietud en el momento de la compra. El chat no necesariamente tendría que aparecer en todas las páginas de nuestro sitio, sino solo en aquellas donde el cliente compra o contrata nuestro producto.

Comportamiento pos-compra: Luego que el cliente ha comprado y comienza a utilizar el producto o servicio que le hemos vendido, continuará evaluando y tomando decisiones, pero esta vez, sobre la experiencia con nuestra empresa y los resultados obtenidos. Aquí se decide si el producto ha cumplido con sus expectativas y esto afectará su decisión de compra en el futuro. En caso de que la experiencia haya sido positiva, el cliente estará mucho más propenso a volver a nosotros y comprarnos más. Mientras que, si las expectativas que tenía el cliente no han sido correspondidas con lo que nuestro producto fue capaz de hacer por ellos, entonces el cliente regresará a la etapa de evaluación de opciones, para decidirse por otra empresa que los satisfaga mejor. Es importante recordar que la satisfacción de un cliente es el punto de intersección donde sus expectativas previas y los resultados que obtiene se encuentran. Si un cliente tiene un nivel de expectativa moderado y nosotros lo alcanzamos o superamos, el cliente estará muy satisfecho. Si el cliente tiene unas expectativas superiores a la realidad de nuestro producto o servicio (por ejemplo: esperar recibir atendimiento de hotel 5 estrellas en uno de 3) entonces el cliente quedará decepcionado.

Conocer estas diferentes etapas nos ayuda a entender un poco mejor el comportamiento de los visitantes de nuestro sitio web. Debemos usarlas como referencia a la hora de crear nuestro mensaje y nos ayudarán a definir diferentes métodos de promoción, pensados para cada una de ellas.

¿CÓMO SABER EN CUÁL ETAPA DEL CICLO DE COMPRA SE ENCUENTRA EL VISITANTE?

Lo sabemos de la misma manera que podríamos sospechar que va a llover: por las pistas y señales que vamos viendo. El cliente potencial se comporta de maneras diferentes en cada una de las etapas y reaccionará de manera distinta a nuestros mensajes o acciones comerciales.

La mejor manera de saber con bastante precisión en cuál etapa se encuentra el visitante, es tomando el control sobre la manera como él llega a nuestro sitio web. Debemos crear campañas de marketing enfocadas en las personas que se encuentran en la etapa del reconocimiento del problema o necesidad e ir llevándolos de la mano por cada una de las etapas siguientes. De esta manera, tendremos mayores posibilidades de seducirlo y convencerlo, al presentarle la información, pruebas y argumentos que lo harán considerarnos como una muy buena opción para lo que necesitan o desean.

Cuando hacemos publicidad en buscadores, nuestra selección de palabras claves en el momento de la configuración de las campañas, es crucial para llevar a las personas al lugar correcto. Supongamos que vendemos teléfonos móviles y queremos configurar varias campañas de publicidad en Google. Cuando analizamos con cuidado las palabras o frases claves que las personas usarían para encontrar un producto, tendremos una idea, más o menos clara, de la etapa del ciclo de compra en la que se encuentran:

"Teléfono *smartphone*": esta frase clave podría darnos la pista que la persona quiere/necesita un *smartphone,* pero no sabe cuál sería una buena opción. Posiblemente ya ha decidido comprar uno, pero aún no sabe cuál, así que está abierto a opciones. Necesita rellenar muchos espacios en blanco que tiene en su cabeza antes de poder pasar a la siguiente fase.

"Mejor teléfono smartphone por menos de 200€/$": La persona ha decidido su presupuesto y quiere saber cuál es la mejor opción que existe en el mercado. Entonces, comienza a evaluar opciones a través de la búsqueda de información. Esa frase clave muestra ciertos rasgos de la personalidad o estado actual del comprador y esto nos permitirá crear un mensaje y propuesta de ventas acorde con su situación.

"Galaxy vs. iPhone": Con esta búsqueda, ha quedado claro que la persona se está decidiendo entre uno de estos dos teléfonos. Ya ha delimitado su búsqueda mucho más y está mucho más cerca de tomar una decisión. Sin embargo, es aquí donde las cosas se suelen complicar, porque el cliente generalmente está evaluando "con lupa" las diferentes opciones que tiene entre manos. Es aquí donde realmente comienza el duelo entre empresas y ganará la que sea capaz de darle mejores argumentos al cliente potencial.

"Comprar iPhone Xs": Aquí vemos que la persona ya ha tomado su decisión y está dispuesta a avanzar con la compra. La persona ya tiene claro cuál es el producto que va a comprar, pero aún sigue en la etapa de evaluación de opciones, esta vez no por el producto, sino por el lugar donde decidirá comprarlo. El cliente empezará a comparar sitios web que vendan el mismo teléfono y tomará decisiones basándose en precio, diseño del sitio web, garantías, facilidad de contacto, políticas de compra y envío, etc.

"Accesorios para el iPhone Xs": Una persona que busque esta frase en los buscadores, podríamos asumir que, ya ha comprado el teléfono, está contento con su decisión y quiere encontrar otros productos para equipar su adquisición. Dependiendo del grado de satisfacción del cliente con el producto y con la empresa, decidirá comprarlo en el mismo lugar donde ha comprado el teléfono, luego de informarse entre varias opciones.

Aunque el ejemplo del teléfono podría generar muchísimas variables y condiciones que harían a una persona saltar entre las diferentes etapas del ciclo de compra, con él he querido ilustrarte la manera como los clientes nos darían pistas y señales de su condición o etapa actual, a través de su comportamiento en internet.

No importa si en tu sitio web vendes *smpartphones*, ropa, jabón, masajes o caracoles, será sumamente difícil conseguir cerrar una venta con aquellas personas que se encuentran en la etapa de reconocimiento del deseo o necesidad o en la etapa de evaluación de opciones. Por esto, siempre es recomendable crear diferentes campañas, con lenguajes diferentes, en canales diferentes, pensando en las personas que se encuentren en cada etapa diferente del ciclo.

LEAD TRACKING Y LEAD SCORING

Promocionar nuestros productos y servicios a través de Internet, nos ofrece una enorme ventaja en comparación con la promoción tradicional fuera de Internet. Un emprendedor que promocione su negocio a través de medios tradicionales tendrá grandes dificultades para rastrear el comportamiento y grado de interés de todas las personas que se exponen a su mensaje.

A través del *Lead Tracking*, o como se le diría en español: rastreo de clientes potenciales, podremos mantener un registro de absolutamente todas las acciones que realizan los visitantes en nuestro sitio web. Podremos saber cuántas veces nos visitan, las horas del día en que lo hacen, en cuáles enlaces de nuestra web hicieron click, por donde se movía su ratón dentro de la página, cuánto tiempo permanecía el ratón en un determinado punto, etc., etc., etc.

Existen muchas herramientas que te permiten hacer este rastreo de manera tan minuciosa. Una de las más conocidas, pero no necesariamente la que nos dará absolutamente todos los datos que necesitamos, es Google Analytics. Todas se basan en la colocación de un código (generalmente JavaScript) dentro del sitio web, que le insertará a nuestros visitantes una *cookie* de rastreo para poder identificarlos posteriormente. Todo lo que los visitantes hagan dentro del sitio, quedará registrado para posterior análisis.

El *Lead Tracking* es uno de los primeros pasos para conocer todo lo que sucede con los clientes potenciales en nuestro sitio web y usaremos esta información para evaluarlos y calificarlos. Además, debemos asignarles una puntuación específica basada en sus acciones y así poder determinar en cuál etapa del ciclo de compra se encuentran y decidir si nos convendría abordarlos de una manera directa para cerrar la venta. Esto lo conseguiremos a través del *Lead Scoring*, o Calificación de Prospectos.

La calidad de nuestros clientes potenciales afecta de manera considerable nuestras conversiones. Disponer de una excelente propuesta de ventas, comunicada de manera correcta en un sitio web que posee una usabilidad sumamente amigable para el usuario, no nos servirá de mucho si tenemos clientes potenciales de baja calidad. Aunque no podemos controlar completamente quién nos visitará, sí que podemos filtrar y cuidar las visitas que más nos interesan.

Intentar cerrar una venta con alguien que no está preparado para comprar es un error. Peor aún, es no intentar cerrarla con aquellos que sí lo están, pero no lo sabemos. El *Lead Scoring* nos ayuda a identificarlos a través de una puntuación que le asignaremos a cada una de las acciones que deberá ejecutar el visitante y que lo acercará a su decisión de compra. Veamos un ejemplo:

En una escala del 1 al 20, donde 20 es el número de puntos necesarios para considerar que el visitante ya se encuentra preparado para comprar, asignaremos puntos que se irán sumando para informarnos que esa persona es un cliente potencial calificado y, por lo tanto, deberemos proceder a intentar cerrar la venta con él.

La asignación de puntos podría ser de esta manera:

- Visitante navega la página de información del producto: 2.5 puntos

- Visitante rellena el formulario de contacto/captura: 5 puntos

- Visitante lee las opiniones y comentarios de otros clientes: 2.5 puntos

- Visitante regresa posteriormente a la página del producto: 5 puntos

- Visitante contacta por email/teléfono para saber más: 5 puntos

Cuando el visitante haya completado todos esos pasos y obtenga una calificación de 20, podríamos asumir que está preparado para comprar. Tú deberás decidir cuáles pasos son importantes en tu embudo de ventas (ya hablaremos de esto más adelante) y cuáles características son importantes en tus prospectos para que puedas considerarlo de alta calidad para ti.

Cuando hacemos este tipo de rastreo y calificación de nuestros clientes potenciales y lo vamos registrando en nuestro CRM (*Customer Relationships Manager* o programa de gestión de clientes) sabremos cuál será el siguiente paso que deberemos tomar. En ocasiones, el cliente solo necesitará un contacto directo con nosotros para que se cierre la venta. Otras veces, solo necesitará un incentivo adicional para tomar acción. Generar conversiones requiere de una monitorización constante de nuestros clientes potenciales, para no perder oportunidades con aquellas personas que ya están preparadas para comprarnos, pero por una razón u otra, aún no lo han hecho.

Existen muchas herramientas en el mercado que hacen el *Lead Tracking* y el *Lead Scoring*. En el área de recursos que encontrarás en www.alexkei.com/recursos-cro encontrarás algunas de las más populares.

El *Lead tracking* no solo debemos hacerlo en nuestro sitio web, sino que también debemos integrar otras plataformas que nos permitan insertar códigos de rastreo para monitorizar a los visitantes. Por ejemplo, podemos rastrear el porcentaje de reproducción de un vídeo que alojemos en una plataforma como Wistia y asignarle diferentes puntos a los que hayan visto solo un 10% del vídeo, a los que lo hayan visto hasta la mitad y a los que lo hayan visto hasta el final. Esto es especialmente útil cuando usamos vídeos para informar y seducir al visitante.

BENCHMARKING COMO REFERENCIA PARA EL ESTUDIO DE MERCADO

El *Benchmarking* es un término que utilizó la marca Xerox en los años 70, pioneros de esta estrategia, para describir los procesos de comparación que realizaban contra empresas japonesas que estaban ganando todo el mercado de las fotocopiadoras en ese entonces.

David T. Kearns, director general de Xerox Corporation en los años 80, define al *Benchmarking* de una forma muy sencilla:

"Benchmarking es el proceso continuo de medir nuestros productos, servicios y prácticas contra los competidores más duros o aquellas compañías reconocidas como líderes de nuestro sector".

Cuando estamos haciendo un estudio del mercado y queremos conocer mejor a nuestro público objetivo, el *Benchmarking* lo usamos para conocer el tipo de público que tienen otras empresas de nuestro sector, para analizar cómo se comportan y para entender lo que necesitan, lo que los frustra, lo que aprecian de las otras empresas y compararemos todo esto con el tipo de público que nosotros hemos elegido para nuestro negocio.

En una era pre-Internet este proceso podía demorar bastante tiempo y muchas veces, se tenía que recurrir a técnicas de espionaje para obtener información de clientes de la competencia. Hoy, tenemos las redes sociales y buscadores a nuestra disposición y basta con seguir de cerca a las empresas que queramos analizar para conocer el comportamiento, comentarios, preguntas, críticas de su público y ver cómo estas empresas lidian con varias situaciones relacionadas con sus clientes. Esta información la usaremos, por un lado, para tomar decisiones sobre nuestro propio público y por el otro, para adoptar o descartar ciertas prácticas de la competencia.

Hay que tener mucho cuidado a la hora de seleccionar las empresas que analizaremos porque, aunque ofrezcan productos o servicios muy similares a los nuestros, no necesariamente estarán enfocadas en el mismo tipo de púbico que nosotros hemos elegido. Un restaurante de comida italiana con un precio medio por persona de 10€/$, ubicado en la feria de comida de un centro comercial, cuenta con un tipo de público objetivo muy diferente al de un restaurante italiano con un precio medio por persona de 45€/$ ubicado en una zona distinguida de la ciudad. Aunque el producto sea muy parecido, el tipo de público puede ser diferente, así que, es importante seleccionar muy bien a las empresas con las que haremos *benchmarking* y debemos asegurarnos de que estamos comparando peras con peras y no peras con manzanas.

Hace algunos años, buscando mi nombre en Google (te recomiendo que lo hagas regularmente para que te enteres de lo que se publica en Internet sobre ti y/o sobre tu negocio) me di cuenta de que dos academias de Marketing bastante reconocidas en España estaban usando mi nombre como una de las palabras claves para mostrar sus anuncios publicitarios en Adwords. Aunque por un lado me sentí muy halagado, por el otro, me di cuenta que inclusive las academias de marketing con una amplia trayectoria y experiencia cometen erres muy tontos a la hora de seleccionar su público objetivo. Si esas academias usaron mi nombre para mostrar sus anuncios cuando las personas me buscaran a mí en Google, es porque quizá considerarían que mi público objetivo es el mismo tipo de público que ellos buscan. ¡Nada más errado y alejado de la realidad! Esas academias forman a personas que quieren dedicarse al marketing de manera profesional, que quieren hacer una carrera en marketing y ese no es mi público objetivo principal. Yo no entreno a personas que quieren convertirse en consultores de marketing, ni SEOs, ni community managers (aunque si que es cierto que un porcentaje de ese público son mis clientes), yo formo y entreno principalmente a emprendedores y pequeños empresarios como tú, que quieren aprender a conseguir más clientes para sus negocios y que quieren aumentar sus ventas a través de técnicas efectivas de Marketing. Ambos públicos tienen interés en aprender marketing, pero por razones muy distintas y por lo tanto, el perfil psicológico de cada uno es muy diferente y no reaccionan de la misma manera ante ciertos estímulos.

Conocer a nuestro público ideal requiere de conocer muy bien nuestro producto o servicio. Debemos ser totalmente honestos con nosotros mismos y ser coherentes entre lo que ofrecemos y a quién se lo ofrecemos. No se trata de elegir el tipo de público que nos gustaría tener o el público que hemos visto que nuestros competidores atacan, sino que debemos enfocarnos en el público que realmente necesitará, deseará y valorará lo que nosotros tenemos para ofrecerle.

Si queremos atacar un segmento del mercado diferente al que tenemos actualmente, deberemos adaptar nuestra propuesta de venta y comunicación para que esté a la altura de lo que ellos esperan de nuestra parte.

ALGUNAS RECOMENDACIONES ADICIONALES

Conocer muy bien a nuestro público objetivo ideal es fundamental, pero no siempre estamos dispuestos a hacer todo lo que implica investigarlo y conocerlo. Así que, para que puedas obtener los mejores resultados, te sugiero que sigas estos 5 consejos:

1.- No tomes decisiones basándote en la pereza: El proceso de conocer, entender y definir a tu cliente ideal, es largo, tedioso y el resultado que esperamos, no se consigue de la noche a la mañana. Es necesario observar, preguntar, investigar, probar, etc., y debemos hacer todo esto tantas veces sea necesario. Dedícale el tiempo que sea necesario y siempre ten presente que, si no eres capaz de crear una pareja perfecta entre tu marca y un tipo de público específico, no conseguirás buenas conversiones.

2.- Cuidado con el exceso de confianza: No caigas en el error de decir cosas como: "yo ya conozco perfectamente a mi público"; "yo ya sé lo que las personas quieren exactamente"; "ese no es mi tipo de público ideal, es este otro", etc. A menos que tus conversiones sean de infarto y estés nadando en dinero, no puedes estar 100% seguro de nada. Ábrete a ideas y opciones nuevas o diferentes a las que ya te has planteado y ve todo este proceso con la mente muy abierta.

3.- No hagas conjeturas: Nunca asumas nada y básate siempre en pruebas sólidas. Cuestiona todo lo que sabes, lo que crees y lo que conoces. Adopta la postura de un científico y dedícate a probar que tus conjeturas son erradas. Cuando no encuentres pruebas de que lo son, entonces tenías razón y puedes convertir esas conjeturas en hechos comprobados.

4.- Entrevista y encuesta a tu público: No te conformes con observarlos de manera distante o pasiva. Habla con ellos, hazles encuestas, entrevístalos directamente y pregúntales lo que les motiva, lo que buscan, lo que les frustra, lo que quieren sentir, lo que quieren conseguir. Intenta hacer preguntas abiertas que no les den pistas sobre lo que quieres escuchar, ya que, las personas suelen responder lo que saben que la otra persona quiere escuchar. Entrevista a tantas personas como puedas para que tengas una buena muestra del pensamiento general de tu público.

5.- Comienza con una hipótesis y refínala: Imagínate que estás en un mundo perfecto y que puedes elegir a la carta el tipo de público que quieras: ¿Cómo es tu cliente ideal? ¿Cómo te ayudará a conseguir tus objetivos profesionales? ¿Cómo hará crecer tu negocio? Luego, partiendo de esta hipótesis inicial, investiga, investiga e investiga y según la información que vayas recolectando, ve haciendo cambios y adáptate hasta que consigas dar con el tipo de público que realmente te interesa tener o hasta que consigas entender que probablemente, lo que deberás hacer, es cambiar tu propuesta de valor y de ventas.

CAPÍTULO 3:

Conversiones según la fuente de tráfico

E l proceso de optimización de conversión comienza antes de la llegada del visitante a tu sitio web. Imagina que darás una fiesta en casa: para tus invitados, esta comenzará solo cuando ellos toquen a tu puerta, pero para ti, comienza mucho antes. Desde que se te ocurre celebrarla, tendrás que decidir una fecha y hora, comprar la comida y bebida, preparar la casa, pero, sobre todo, deberás decidir a quién querrás invitar (tu público objetivo). Aunque hayas decidido invitar únicamente a las personas que querías, notarás que el comportamiento de ellas hacia ti y su postura durante la celebración, será diferente dependiendo de su personalidad, estado mental, del vínculo que tengan contigo y de cómo te hayan conocido.

Exactamente lo mismo pasa con el CRO. Todo comienza antes de la llegada del visitante al sitio web y el comportamiento que éste tenga en tu sitio, en parte dependerá del grado de conocimiento y confianza que este tenga hacia tu marca o negocio y de dónde haya venido.

Cada visitante, dependiendo de su estado mental, de su perfil de consumidor, de la etapa del ciclo de compra en la que se encuentre y de cómo haya llegado a nosotros, tomará decisiones y acciones diferentes. Sabiendo esto, debemos preparar varias "puertas de entrada" diferentes para nuestros visitantes (cuando haces una fiesta en casa, probablemente no te importará que tus familiares más cercanos entren por la puerta trasera, pero querrás que tus aliados de negocio, o tu jefe, entren por la puerta principal).

En Internet, estas puertas de entrada a las que me refiero son tus páginas de aterrizaje. Cada fuente de tráfico debería tener su propia *landing page* para intentar conseguir el máximo de conversiones que sea posible. Debemos ser capaces de controlar por dónde entra el visitante a nuestro sitio web y aunque es perfectamente normal que muchas personas lleguen por "accidente" a cualquier página, cuando somos nosotros los que activamente estamos promocionando nuestro negocio y llevando tráfico a nuestro sitio web a través de campañas de publicidad, redes sociales o cualquier otro medio, debemos tener muy claro a dónde queremos llevar a las personas.

El estado mental y comportamiento de alguien que llega a nuestro sitio web procedente de los buscadores no es el mismo que el de alguien que vio nuestra publicidad en Facebook o el de alguien que nos conoció a través de una recomendación.

A continuación, te hablaré de algunas de las fuentes de tráfico principales que normalmente llevarán visitas a tu sitio web y cómo debes prepararte según cada una de ellas:

TRÁFICO DE BUSCADORES

El tráfico de buscadores podemos dividirlo en tráfico orgánico (conseguido a través del posicionamiento de nuestro sitio web en los buscadores) y el tráfico de publicidad (a través de los anuncios de publicidad de pago por click de Google Adwords, Bing Network, etc.). Independientemente de si el visitante ha llegado a nosotros haciendo click en un anuncio de Adwords o en uno de los resultados orgánicos de búsqueda, lo único que nos importa, es que está buscando activamente algo. Puede estar en la etapa de búsqueda de información o de evaluación de opciones, pero, en cualquier caso, se encuentra buscando de manera proactiva lo que nosotros ofrecemos. Este tipo de visitante suele ser muy conveniente para nuestro negocio, pero debemos recordar que existen muchos obstáculos que debemos superar para que esa visita pueda convertirse en un cliente más adelante.

Cuando alguien busca en Google o en cualquier otro buscador, lo hace con ciertas expectativas, ciertos preconceptos y ciertas incertidumbres. Cada búsqueda que realice, le generará alrededor de 10 resultados por página y deberá decidir a cuál de esas opciones le dedicará su atención. Cada elemento que la persona verá en la lista de resultados del buscador contará para tomar esa decisión. Es aquí donde se genera la primera conversión, antes de que la persona entre a nuestro sitio web.

Cuando hablamos de los resultados orgánicos, varios elementos como: el título de nuestra página (lo que se ve en azul o negritas en el buscador) la descripción (el texto que aparece debajo del título) e inclusive el URL (la dirección de nuestro sitio web) ejercerán influencia sobre la persona y esta decidirá si entra a nuestro sitio o elige otros de los resultados que le hayan aparecido. Es por esto que cuando estemos desarrollando nuestro sitio, debemos darles mucha importancia a esos detalles que muchas veces se ignoran. A nivel técnico, existen unas etiquetas llamadas *"Meta tags"* que mostrarán en los buscadores la información que nosotros queramos mostrar cuando alguien nos encuentre.

A través de la *"Meta Title"*, definiremos el título del resultado que la persona verá en el buscador y deberemos redactarlo como un titular de ventas, es decir, debemos usarlo para convencer a la persona a hacer click. Con la *"Meta Description"* definiremos el texto que las personas verán en el buscador debajo del título de nuestra página. Esta descripción le da más razones al usuario para elegir ese resultado de búsqueda y debe ser redactado como un subtítulo de ventas (con elementos de persuasión incluidos). El URL de la página (la dirección web) debe ser creado de forma que ofrezca mayor contexto y nos ayude a conseguir más clicks. No es lo mismo un URL que sea: http://tusitioweb.com/12fe354.html

a otro mejor planificado, como: http://tusitioweb.com/tu-mayor-beneficio.

Con los resultados patrocinados de los buscadores, sucede algo parecido, pero contamos con menos espacio para convencer al visitante de hacer click en nuestro anuncio. Además, tenemos el agravante de que ciertos perfiles de clientes, dependiendo del sector, suelen ignorar los resultados patrocinados y van directamente a los resultados orgánicos. Esto no pasa con todas las personas ni en todos los sectores, pero debemos aceptar que hay un porcentaje de potenciales clientes que ni siquiera mirará el área de resultados donde aparecerá nuestro anuncio publicitario.

El título del anuncio es crucial para conseguir el click, pero tenemos menos espacio que con el resultado orgánico. Tiene la misma importancia, pero no las mismas posibilidades y redactarlo de manera correcta, es un gran desafío de micro-copywriting (micro-redacción publicitaria, como veremos más adelante). La descripción del anuncio, al igual que con los resultados orgánicos, refuerza la promesa del título, dando más razones para hacer click. Por último, el URL visible del anuncio lo usaremos como elemento adicional de persuasión, para conseguir que la gente haga click.

Estos tres elementos (título, descripción y URL) trabajan en conjunto para generar la primera conversión: conseguir que el usuario haga click en nuestro resultado y no en otros. Pero haber conseguido ese primer triunfo, no tiene ninguna importancia si no logramos que dentro de nuestro sitio web se generen las otras conversiones que nos interesan. Lo que la persona encuentre en nuestro sitio, debe ser coherente con la expectativa generada en los resultados del buscador, y no me refiero únicamente al tipo de producto o servicio que encontrará, sino todo lo que el usuario juzgará durante su primera visita a nuestro sitio web: aspecto y diseño de la página, propuesta de ventas, tono y forma del mensaje, elementos de confianza, etc., etc., etc.

Supongamos que una persona está buscando en Google "alquiler de coches de lujo". Dentro de los resultados, se encuentra con un anuncio como este:

Coches de lujo en Madrid
Para personas exigentes que
buscan lo mejor. ¡Visítanos!
CochesLujo.com/alquiler

A simple vista, la propuesta se ve prometedora, así que, la persona decide hacer click en el anuncio para saber más. Al llegar al sitio web, el visitante tuvo que esperar más de 5 segundos mientras cargaban todos los elementos de la página (tentando su paciencia y casi haciéndolo pulsar el botón de "atrás" del navegador por la eterna espera) y cuando finalmente habían cargado todos los elementos, el visitante se encuentra con un diseño que, para nada refleja el concepto de lujo. Además, encuentra fotos de coches de gama "superior" (de marcas como: Peugeot, Audi, etc.), cuando en realidad, lo que el visitante esperaba encontrar era coches de lujo de marcas como: Rolls Royce, Ferrari, Bentley, etc. Eso genera una quiebra total en las expectativas del cliente derivado de la falta de coherencia absoluta entre la promesa del anuncio y lo que el visitante encuentra en el sitio web. Esto hace que no se generen conversiones.

Con el tráfico que proviene de los buscadores, sabiendo que las personas están buscando activamente una solución ante un deseo o necesidad, debemos conectar nuestra propuesta de venta con lo que el cliente quiere, pero sin olvidar las diferentes etapas del ciclo de compra del consumidor. En el caso de la publicidad en buscadores, esta tarea es fácil porque nosotros controlamos al 100% cuáles son las palabras claves que mostrarán nuestro anuncio y cuál será la página de aterrizaje que la persona verá al hacer click. Con el tráfico orgánico proveniente del posicionamiento web, no es tan fácil (aunque perfectamente posible) controlar cuál será esa primera página a la que el visitante se expondrá, pero podemos tener en mente esta situación de incertidumbre cuando estemos creando contenido para nuestro sitio web. Las personas nos encontrarán gracias a ciertas palabras (o frases) claves y cada una indicará una etapa específica del proceso de compra en el que se encuentre el visitante. Así que, una vez hayamos hecho una investigación y selección de palabras claves (usando herramientas como: el planificador de palabras claves de Google, Semrush, Wordtracker, etc.) crearemos varias piezas diferentes de contenido (artículos, vídeos, etc.) para cada una de las etapas del ciclo de compra y así tener una mayor probabilidad de mostrarle la página correcta al visitante, en el momento correcto.

TRÁFICO DE REDES SOCIALES

Cuando comenzaron a haber fuertes cambios en el algoritmo de Google y varios de mis sitios web fueron penalizados (por las técnicas agresivas de posicionamiento web que solía implementar hace varios años) transferí toda mi atención a las redes sociales. De hecho, los factores sociales empezaron a tener bastante influencia en el posicionamiento web. Al menos, durante cierto tiempo.

Aunque inicialmente la idea era apalancarme de los factores sociales para mejor mi posicionamiento web, con el pasar del tiempo, me di cuenta de que eso era lo que menos importaba. El propio tráfico social proveniente de Facebook, Google Plus, Twitter y LinkedIn estaba siendo mucho más rápido y efectivo que el SEO. Con el SEO, tenía que invertir semanas o meses para empezar a ver algo de tráfico hacia mi sitio web, mientras que, con las redes sociales, el tráfico era inmediato. Sin embargo, el estado mental de esas visitas es muy diferente al de las visitas provenientes de los buscadores y desde luego, eso afecta considerablemente la conversión.

Si analizamos la base, entenderemos que una red social existe con el propósito de compartir e interactuar con otras personas, sin necesariamente abordar un tema específico y cada segmento del mercado tendrá la tendencia a enfocarse en ciertos temas de conversación más que en otros. Además, es importante recordar que, aunque hayamos construido una base de seguidores bastante bien segmentados y con un interés real por lo que ofrecemos, su estado mental y su conducta en las redes sociales estará en modo "fiesta". Su instinto de ternura hacia vídeos de gatos estará a flor de piel, al igual que su "sadismo" por imágenes chocantes, malas noticias y el deseo de quemar horas de aburrimiento y frustración cuya cura, es el fisgoneo de la vida ajena y el carcoma interno por la vida (real o falsa) que los demás tienen y que con mucho orgullo muestran en sus redes.

Intentar convertir en clientes a personas que se encuentran en ese estado mental, es como hablarle de religión a adolescentes en una fiesta *rave*, o como querer hablar de negocios con una persona que asiste a un funeral. Todo tiene su momento y su lugar.

Cuando asistimos a una fiesta y conocemos a nuevas personas, es perfectamente normal que nos pregunten a qué nos dedicamos y nosotros preguntarles lo mismo. Es tan solo una conversación casual y no lo hacemos con la intención de captar clientes. Si por casualidad, encontramos a algún cliente potencial y no queremos convertirnos en aquel pesado e imprudente que usa la ocasión para vender, lo ideal es que quedemos en otro momento más conveniente para ambos. Intercambiamos contactos y posteriormente hacemos seguimiento. Así es como se debe abordar el tráfico que conseguimos de las redes sociales.

Este tráfico es de manera general frío, no está activamente buscando una solución a un problema, necesidad o deseo, sino que casualmente se expone a nuestro mensaje. No es el momento ni el lugar para intentar cerrar la venta, por lo que debemos capturarlo en nuestra base de datos, ofreciéndole un regalo o incentivo a cambio de su email, para poder hacer el seguimiento luego. Aunque estén interesados en lo que ofrecemos, no se encuentran en el estado mental necesario para comprarnos (con sus excepciones, claro está).

Cada red social tiene diferentes tipos de clientes potenciales, que se comportan de manera diferente. LinkedIn es una red social enfocada en profesionales y empresas y quienes la usan, suelen estar buscando empresas para trabajar, personas para contratar, socios para crear alianzas o clientes potenciales para su negocio. En cualquiera de los casos, el objetivo principal al usar esta red social es sacarle algún beneficio comercial o profesional.

En Facebook encontramos todo tipo de personas (particulares o profesionales) y predomina el ambiente de "fiesta" que te mencionaba antes. Dentro de Facebook, podemos conseguir clientes potenciales de manera orgánica (creando una audiencia que nos siga y que vea lo que vamos publicando en nuestra página de Facebook) pero la manera más efectiva y rápida es través de los anuncios de Facebook (Facebook Ads). Similar a Google Adwords, solo pagamos por cada click o por cada mil impresiones de nuestro anuncio.

Asimismo, Twitter tiene su audiencia con sus propias características, Instagram tiene la suya, Pinterest la suya, al igual que todas las demás. No importa cuál sea, debemos recordar que este tipo de tráfico frío debe ser calentado usando otros canales de seguimiento y promoción para aumentar nuestros ratios de conversión.

TRÁFICO DE ALIADOS, AFILIADOS Y OTRAS REFERENCIAS DE TERCEROS

En el año 2008, lancé mi primer curso de formación *online* enseñándole a las personas a hacer comercio electrónico usando la técnica llamada *"dropshipping"*. En aquel momento, mi lista de suscriptores era inferior a 100 personas, en las redes sociales tenía poco más de 500 contactos (ni siquiera tenía página profesional en Facebook), mi presupuesto de publicidad era bastante reducido y no tenía mucho tiempo para hacer SEO.

Aun con todas esas limitaciones, en el primer mes del lanzamiento conseguí 45 alumnos de pago, gracias al tráfico proveniente de aliados, afiliados y otras personas que decidieron hablar de mi curso en sus blogs, *podcasts* y redes sociales.

En caso de que no lo sepas, un afiliado es alguien que promociona tus productos o servicios a cambio de una comisión por las ventas (es una especie de "agente comercial independiente"). Un aliado suele tener un papel muy parecido al de un afiliado, pero de una manera mucho más estrecha y directa, involucrándose y colaborando inclusive con la creación o entrega del producto, aportando ideas, recursos y lo que esté a su alcance para hacer que el producto o servicio tenga mucho éxito.

Este tipo de tráfico de referencia suele ser bastante efectivo cuando esas personas que están recomendando tus productos o servicios, cuentan con seguidores que los escuchan, que les creen y que suelen considerar seriamente las propuestas que ellos les presentan. Es un tráfico "semi-caliente" que sigue las recomendaciones de los demás y suelen tomar una decisión relativamente más rápido que aquellos provenientes de otras fuentes de tráfico.

Aunque los aliados y afiliados reciban una retribución económica por esas recomendaciones, si cuentan con una buena reputación (y hacen sus promociones de una manera elegante, profesional y con mucho tacto) el público generalmente no las toma como publicidad, sino como recomendaciones de un "amigo".

Para que este tipo de tráfico nos genere buenas conversiones, las personas o empresas que recomienden nuestros productos o servicios, deben contar con un público muy similar al nuestro. El perfil de clientes de ellos debe ser muy parecido a nuestro perfil de cliente ideal. Cuando este requisito se cumple y nuestra propuesta de ventas es atractiva para esas personas, las conversiones suelen ser muy altas.

Para aumentar las probabilidades de cerrar ventas a través de estas recomendaciones, lo ideal es llevar el tráfico a una página de aterrizaje especial que contenga el nombre y foto de quien recomienda. Por ejemplo: si "José López" promociona el Curso Online de CRO de Alex Kei, en vez de llevar a las personas a una página genérica del curso, los llevará a una página que tenga la foto y el nombre de "José López", junto con algún texto que haga mención a ese afiliado: "…beneficio especial para los seguidores de José López…".

Esto lo suelen hacer mucho las compañías aéreas cuando nos recomiendan hoteles, alquiler de coches y otros servicios, luego que hemos hecho la compra de un billete de avión. La página a la que nos llevan generalmente tiene el nombre y logotipo de la compañía aérea o alguna mención a la empresa.

Si a esa táctica le sumamos un beneficio o regalo especial por parte del aliado o afiliado y además le ponemos una fecha límite, las conversiones aumentarán aún más porque estaremos agregando los elementos de persuasión "reciprocidad" y "escasez" (hablaremos de esto en los últimos capítulos de este libro).

El grado de conversión del tráfico que proviene de aliados y afiliados es directamente proporcional al grado de influencia que ellos tengan con su audiencia. Mientras más influyente sea la persona que recomienda, mejores conversiones se conseguirán.

También se da el caso que algunos bloggers que no son ni aliados ni afiliados de nuestra empresa, comentan sobre nuestro producto o servicio a manera informativa, crítica o inclusive como una recomendación. Si el público de ese blog es compatible con nuestro perfil de cliente ideal, entonces podríamos generar buenas conversiones de las visitas que recibamos por parte de ellos.

Independientemente del vínculo que tenga con nosotros la persona o empresa que recomienda nuestros productos o servicios, el tráfico que conseguiremos a través de ellos, debemos aprovecharlo muy bien, ya que, será de las mejores fuentes de tráfico que consigamos.

TRÁFICO DE EMAILS

El tráfico que consigamos a partir de nuestra lista de suscriptores (las personas que voluntariamente introdujeron sus datos de contacto en nuestra página de captura) es el que nos traerá mejores conversiones, si vamos construyendo una relación más cercana con ellos a través de emails informativos y con contenido que ellos encuentren muy útil.

Las personas que voluntariamente se dieron de alta en nuestra lista de suscriptores deben ser consideradas clientes potenciales, pero con ciertos matices. Algunos de ellos solo nos dieron sus datos a cambio del regalo o beneficio que les ofrecimos en el momento de la captura y probablemente nunca más vuelven a querer saber de nosotros. Aquellos que se dan de baja inmediatamente de nuestra lista, nos demuestran claramente que nunca tenían intención de recibir nuestros correos, pero muchos otros, aunque no se dan de baja, no suelen mostrar ningún interés por los mensajes que les enviamos.

Estando conscientes de esta situación, es importante que usemos un programa de gestión de envío de correos que etiquete a las personas y les asigne puntuaciones a los contactos que sí nos demuestran interés por aquello que les enviamos. Es aquí donde entra en acción el *Lead Tracking* y *Lead Scoring* del que te hablé en el Capítulo 1 de este libro. A través de esas puntuaciones, sabremos exactamente quiénes son aquellos suscriptores que están sumamente interesados por lo que les ofrecemos.

En www.alexkei.com/recursos-cro encontrarás varios programas de email marketing que hacen este trabajo.

Puede llegar a ser muy frustrante (pero es la realidad) que menos de la mitad de las personas que se suscribieron a nuestra lista, abrirá nuestros emails y un porcentaje mucho menor hará click en los enlaces que les enviemos. Una de las causas de que esto suceda, es la sobrecarga de emails que todos recibimos a diario. Es imposible mantenernos al día con todos los mensajes, consejos, sugerencias, promociones, etc., que nos envían docenas o centenas de empresas por email todos los días.

Uno de los mayores desafíos que tenemos actualmente es conseguir que las personas nos den su atención. Aquí podría invertir un par de párrafos en recomendarte que, para obtener la atención del público, crees contenidos de valor, interesantes, relevantes, etc., pero recomendarte eso sería crearte falsas esperanzas y expectativas. Con esto no quiero decir que no debamos crear contenido interesante y relevante para nuestros suscriptores, pero eso no es suficiente y en mi opinión, es tan solo una pequeña parte de la solución.

Hay muchos factores externos que no podemos controlar y el nivel de atención y concentración de las personas es cada vez más bajo. El comediante Jerry Seinfeld una vez dijo que, eso de que las personas tienen poco nivel de concentración es falso, que mientras estén entretenidos con algo que les guste mucho, podrían pasar 3 horas concentrados en ello. En parte estoy de acuerdo y considero que eso es cierto en algunos contextos. Si tenemos la disposición y las ganas de ir a un teatro a escuchar a un comediante que nos guste mucho, durante 2 horas, estoy seguro que nos lo pasaríamos genial y estaríamos casi completamente concentrados en un espacio cerrado, con las luces apagadas, siendo las luces del escenarios las únicas que estén encendidas y con nuestra mayor distracción guardada en el bolsillo (nuestro *smartphone*). En esas condiciones, desde luego que tendremos un elevado grado de atención y concentración.

Pero si ese mismo espectáculo del comediante que tanto nos gusta, lo viéramos en la televisión de nuestra casa, donde tenemos muchas distracciones (el teléfono, la Tablet, el ordenador, los niños, la pareja, el vecino, la mascota, la ropa que olvidamos sacar de la lavadora, etc., etc., etc.,) dudo mucho que podamos aguantar las 2 horas concentrados.

Con los emails que enviamos a nuestra lista, pasa algo similar. Las personas, probablemente los recibirán en un momento poco oportuno y, además, sabemos que la mayoría de nosotros revisamos el email desde nuestros *smartphones* y muchas veces los abrimos solo para no tener emails pendientes por leer, pero en realidad, no llegamos a leerlos porque nuestra atención está puesta en otro lado.

Una manera de contornar esta situación es enviando el mismo email en días y horas diferentes. Debemos darles una segunda o tercera oportunidad a las personas de leer nuestro email. Es cierto que aquellos que ya lo hayan leído, podrían molestarse, pero los programas de envío de email que te recomendé en el enlace de arriba pueden configurarse para enviar el mismo email una segunda o tercera vez (con líneas de asunto diferentes) únicamente a aquellas personas que no hayan abierto el primero o que lo hayan abierto, pero no hayan hecho click en los enlaces que hayamos incluido para llevarlos a nuestro sitio web. En ese segundo o tercer intento, más personas abrirán nuestro mensaje y más personas visitarán nuestro sitio web.

El tráfico que recibimos a partir de nuestra lista de suscriptores por email es uno de los tráficos más relevantes y mejor segmentados. Desde hace años, alrededor del 80% de la facturación de mi empresa de formación proviene de mi lista de suscriptores. El tráfico que recibo a través de los emails que les envío, representa la mayor fuente de facturación para mi empresa y si llegara a perder a mis suscriptores, mis ventas de desplomarían.

La continuidad y el contacto constante con nuestros suscriptores hace que se cree un cierto vínculo entre la empresa y los clientes potenciales y esto ayuda bastante en la conversión. Podemos mezclar los otros canales de difusión, como las redes sociales, por ejemplo, para volveremos una "cara" conocida para ellos.

Hay muchas otras fuentes de tráfico (en mi programa de estudio http://multi-trafico.com/ hablo de 24 fuentes de tráfico diferentes) y todas ellas colocan al cliente en un estado mental específico. En este capítulo solo he abarcado las fuentes de tráfico más importantes, pero te sugiero que si obtienes una cantidad de tráfico considerable desde otra fuente (páginas de vídeos, foros de discusión, directorios, etc.) intenta colocarte en el mismo estado mental de las personas cuando estén navegando ese tipo de sitio web para que entiendas el abordaje que debes tomar para aumentar tus conversiones.

No te bases solo en tu propia experiencia y criterio, sino utiliza las fuentes de investigación de las que hablé en el primer capítulo. Una vez que entiendas muy bien cómo se comportan las personas en esos lugares, lo que comentan, lo que buscan, etc., entonces sabrás cuál es el tipo de contenido que deberás colocar en la página de aterrizaje a la que ellos llegarán.

TRÁFICO A TRAVÉS DEL *REMARKETING*

Como ya sabemos, la etapa del ciclo de compra en la que se encuentre el cliente potencial determinará el momento en que él esté preparado para tomar acción. En la gran mayoría de los casos, el visitante no estará preparado para comprarnos en el primer encuentro con nuestro producto (ni en el segundo). Muchas de esas personas que visitan por primera vez nuestro sitio web jamás regresarán y serán potenciales ventas que perderemos. Por esto, es importante que nos pongamos delante de ellos tantas veces sea necesario y les recordemos que existimos. Cuando esas visitas ni siquiera llegaron a darnos sus datos para formar parte de nuestra lista de suscriptores, la mejor manera de recordarles que existimos es través del Remarketing.

También conocida como "*retargeting*", esta técnica se basa en mostrarle nuestros anuncios publicitarios únicamente a las personas que ya hayan visitado nuestro sitio web. Esto lo conseguimos instalando una cookie de seguimiento en el dispositivo del visitante y luego a través de varias plataformas de publicidad (Google Adwords, Facebook Ads, Perfect Audience, etc.) podemos mostrarle nuestros anuncios o mensajes informativos, en otras páginas de Internet que esa persona visite.

Posiblemente te haya sucedido que visitas una tienda buscando, por ejemplo, una tarjeta de memoria para tu cámara fotográfica y luego, cuando visitas otras páginas en Internet, ves varios banners mostrándote diferentes tarjetas de memoria. Aunque algunas personas digan que este tipo de publicidad es intrusiva, molesta y hace que las personas se sientan espiadas (en parte, es cierto), en realidad, es bastante efectiva y si lo haces bien, alrededor del 5% de las visitas que inicialmente habías perdido, regresarán a tu sitio web y se expondrán a tu empresa una vez más, aumentando las posibilidades de conseguir más conversiones.

Supongamos que "Luis" tiene una empresa de contabilidad y sus clientes potenciales han estado llegando a su sitio web buscando en Google por: "Contador público Bogotá". Estas personas entraron en la página, navegaron unos segundos y luego decidieron cerrarla por diversas razones (no encontraron lo que buscaban; encontraron lo que buscaban, pero decidieron buscar otras opciones; se distrajeron con un vídeo de gatos jugando fútbol que les enviaron por Facebook, etc.). Como Luís es consciente que la gran mayoría de esas visitas no regresaría, instaló en su sitio web el código de seguimiento de Google Adwords y de Facebook Ads para mostrarles anuncios de Remarketing a esas mismas personas cuando visiten otras páginas de Internet que contengan la publicidad de Google o mientras estén pasando el tiempo en Facebook o estén mirando vídeos en Youtube. Para captar la atención de este público, Luis creó varios banners relacionados con su actividad y que llamarían la atención de sus visitantes previos: *"3 maneras legales de pagar menos impuestos. Haz Click aquí para conocerlas"*; *"¿Necesita un contador público en Bogotá? Primera cita totalmente gratis"*, etc.

Esta es una de las mejores maneras de "repescar" a los visitantes que jamás se hubiesen convertido en clientes. Los anuncios deberán ser similares en estilo, colores y tono de comunicación al sitio web (para que el visitante recuerde que pertenecen a una empresa que ya este había visitado) y deberán incitarlos a visitarnos de nuevo. Cuando nos visiten nuevamente, debemos intentar capturar sus datos de contacto para hacer un seguimiento más directo.

LA IMPORTANCIA DE MEDIR Y RASTREAR CADA FUENTE DE TRÁFICO

Además de los rastreos de seguimiento que hacemos para el Remarketing, debemos rastrear, medir y analizar los resultados que nos generan las diferentes fuentes de tráfico. Recuerda que cada fuente generará conversiones diferentes y debemos ser capaces de identificar, en nuestro caso, cuáles nos generan mejores conversiones y cuáles debemos optimizar para conseguir mejores resultados.

Para poder hacer esto de la mejor manera, debemos crear objetivos en Google Analytics según cada fuente. Si, por ejemplo, estamos intentando captar suscriptores a través de las redes sociales, debemos colocar un código de rastreo en la página que verán los visitantes luego de darnos sus datos. De esta forma, sabremos exactamente cuántas personas que llegaron a nosotros a través de Facebook, Twitter, LinkedIn, etc., se convirtieron en suscriptores. Lo mismo debemos hacer con los anuncios de publicidad de pago por click, con el tráfico que generemos a través de email, a través de aliados y afiliados, etc.

En internet encontrarás muchos tutoriales que te explicarán este proceso técnico de una manera muy clara. Recuerda que lo que buscamos es identificar fuentes de tráfico ganadoras (con las mejores conversiones) para aumentar el tráfico que conseguimos a través de ellas, y al mismo tiempo, queremos identificar aquellas que no nos están generando conversiones suficientes para poder hacer los cambios necesarios para mejorar los resultados que conseguimos a través de ellas.

Como dice Tom Peters: Todo lo que puedes medir, lo puedes mejorar, así que: mide, mide y mide. Nunca será suficiente lo que hagamos y debemos estar constantemente rastreando nuestro tráfico para aumentar nuestras conversiones.

CAPÍTULO 4:

Embudos de Marketing

El Marketing y las ventas son dos actividades con una relación muy profunda, pero con procesos y técnicas diferentes. El Marketing prepara el terreno a través del reconocimiento y posicionamiento de la marca (con todo lo que eso implica) para que cuando llegue el momento de cerrar la venta, el trabajo sea más fácil y se consigan más clientes.

Sin embargo, muchas personas confunden estos dos términos y los usan erradamente de manera indistinta. Es por esto por lo que algunas personas suelen referirse a lo que veremos en este capítulo como "embudos de Marketing" y otras le suelen llamar "embudos de venta", pero casi siempre, se están refiriendo a lo mismo.

En caso de que no hayas oído anteriormente la metáfora del "embudo", te explico rápidamente: imagínate un embudo común como el que se utiliza para pasar líquidos a envases con bocas estrechas. La parte de arriba del embudo es más ancha (básicamente para que no tengas que tener tanta puntería a la hora de verter el líquido) y la parte de abajo, es muy estrecha (más estrecha que la boca del envase a donde se va a verter el líquido). En un embudo común, todo el contenido que viertas en la parte de arriba llegará a la parte de abajo.

En el embudo de Marketing, lamentablemente no es así. En nuestro caso, el embudo tiene muchos agujeros, de arriba a abajo, que hace que gran parte del contenido que vertemos desde arriba, no llegue al envase que queremos (en este caso: la conversión).

El embudo de marketing tiene una relación totalmente directa con las etapas del ciclo de compra del consumidor. Al conocer estas etapas por las que pasa una persona, desde que reconoce que tiene un problema/deseo/necesidad, hasta que decide entregar su dinero a cambio de la solución, podremos diseñar un mapa que lo guiará, paso a paso, hasta que realice la transacción comercial. Este mapa del que hablo es el embudo de Marketing.

Tomando como base las etapas del ciclo de compra del consumidor, el embudo se representaría de la siguiente manera:

Esa representación nos ayuda a entender y definir el tipo de contenido que crearemos para presentarle a nuestros clientes potenciales. Debemos recordar que todo lo que publicamos en nuestro sitio web, redes sociales, canal de YouTube, etc. y todo lo que le enviamos a nuestros suscriptores por email, busca acercar al visitante a la compra. Teniendo esto presente, diseñaremos nuestro embudo tomando en cuenta estas fases:

El embudo debe conseguir que un porcentaje de los visitantes de una web se transformen en prospectos, que un porcentaje de esos prospectos se transformen en prospectos cualificados y que un porcentaje de ellos se convierta en clientes que paguen por nuestro producto o servicio.

Para poder definir cada etapa del embudo de la mejor manera posible, a la hora de diseñarlo, es muy recomendable usar elementos visuales que nos sirvan de mapa. Un método bastante tradicional, pero perfectamente efectivo, es la utilización de notas *post-it* de colores para representar cada etapa del embudo.

Otra manera de hacerlo es a través de diagramas de flujo. En el área de recursos que encontrarás en www.alexkei.com/recursos-cro encontrarás un ejemplo de embudo que utilizo en mi empresa de formación y verás varias apps que te permitirán diseñar el tuyo de una forma sumamente visual.

LA FÓRMULA C.A.C.E.C

Hace algunos años me invitaron a dar una conferencia en un congreso de emprendedores y me pidieron que explicara cómo es mi proceso de captación de clientes en mis empresas. Básicamente les hablé sobre mis embudos de marketing, pero para darme a entender mejor, lo hice a través de una fórmula a la que llamé: C.A.C.E.C. (puedes ver la conferencia en este enlace: www.alexkei.com/cacec)

No puedo tomar crédito por la invención de esta fórmula, porque como te he comentado antes, es básicamente el concepto del embudo de marketing; yo lo que hice fue ilustrarla a través de estos pasos que te explicaré a continuación.

La fórmula está compuesta de letras y cada una representa un verbo:

C

A

C

E

C

La gran mayoría de empresarios y emprendedores hacen aquel tipo de Marketing que tiene como único objetivo la primera "C" de esta fórmula: **Conocer**. Queremos que nos conozcan, que sepan que existimos. Queremos que la gente conozca sobre nosotros, sobre nuestro producto o servicio. Por lo tanto, les hablamos de las características, de los beneficios, del precio y a veces, les contamos lo que sucederá después de realizarse la transacción económica.

Hay empresas que invierten miles de dólares/euros para conseguir esa primera "C", la de Conocer. Hay otras empresas que invierten muchísimas horas y desde luego, otras que invierten tanto mucho dinero como tiempo. Estas empresas utilizan los típicos métodos para dar a conocer un negocio, desde los más tradicionales u offline (fuera de Internet) como, por ejemplo: el buzoneo (dejar folletos en los buzones de las casas o repartirlos por la calle); anuncios en prensa (bien sea periódicos, revistas, etc.); hay quienes todavía anuncian en las páginas amarillas (what!?) o quienes pagan por anuncios en la radio. Por otro lado, usan algunos de los métodos online: Publicidad en buscadores, bien sea a través de PPC - Publicidad de Pago por Click o el posicionamiento orgánico, también usan las redes sociales, los foros de discusión, inclusive algunos usan el vídeo marketing.

Todos estos son métodos válidos de promoción para dar a conocer un negocio. Sin embargo, luego de aplicar todas esas tácticas y estrategias, muchos emprendedores quedan con la misma sensación: la de frustración y decepción por no haber conseguido lo que se esperaba que era llegar a la última "C" de la fórmula: **Comprar.**

El objetivo final del Marketing es conseguir que nos compren y que lo hagan repetidamente. Pero para poder llegar a esto, hay otros requisitos que son muy importantes y que muchos emprendedores y empresarios se saltan. Los requisitos de los que hablo se manifiestan a través de las otras letras de la fórmula.

La letra "A" se refiere a **Agradar.** Una vez que las personas nos conocen y saben a qué nos dedicamos, tienen que sentirse agradadas por nosotros, les tiene que gustar lo que hacemos, y, además, les tenemos que gustar nosotros como profesionales. Hay un grave error que cometen muchos emprendedores y pequeños empresarios y es el de querer ocultarse detrás de su empresa, quieren crear un abismo que los separa a ellos de su empresa. Esta forma de hacer negocios hoy en día no es la mejor ni la más recomendable para pequeños empresarios. Claro que tenemos que dar a conocer nuestra empresa como entidad corporativa, pero nuestros clientes potenciales tienen que sentir algún tipo afinidad con nosotros como empresarios, como representantes del negocio y como seres humanos.

Vivimos en una época en que las personas quieren hacer negocios con personas; las redes sociales nos han interconectado de una manera que ese trato personal, de ser humano a ser humano, es fundamental para tener éxito hoy en día. Por eso es que es importante que les caigamos bien al tipo de público que queremos cautivar y que ellos sientan afinidad por nosotros. Desde luego no le caeremos bien a todo el mundo (sobre todo a los que no pertenezcan a nuestro público ideal) y no hay nada de malo con ello. No podemos actuar de una manera que intentemos agradarle a todos. Tenemos que conocer muy bien el perfil de nuestro cliente ideal, el perfil de la persona que queremos que nos compre con frecuencia y tenemos que saber lo que les gusta, lo que les disgusta, lo que los seduce, lo que les motiva, etc., y debemos convertirnos en una fuente de todo eso para ellos.

Hacer marketing, o, mejor dicho, hacer un buen marketing, se parece mucho más a la psicología que a los negocios. Hay que saber cómo funciona la mente humana y crear una serie de acciones que persuada al público que queremos. A algunos esto les parecerá superficial o quizá, frío y calculador, pero así funcionamos los seres humanos y tomamos decisiones basándonos en nuestras emociones.

Todos nos sentimos atraídos por las personas que piensan de una manera similar a la nuestra, nos parecen simpáticas aquellas que actúan como nosotros y sentimos que es agradable estar en su compañía, escucharlos, pasar tiempo con ellos e inclusive, comprarles a ellos y no a los de la competencia.

Como dice el autor de *bestsellers* Tim Sanders: *"Básicamente, la simpatía se reduce a la creación de experiencias emocionales positivas en los demás. Cuando haces que otros se sientan bien, ellos tendrán la tendencia a sentirse atraídos hacia ti"*.

Esta frase de Tim Sanders resume casi todo lo que necesitas saber para agradarle a tu público. La clave es la "creación de experiencias emocionales positivas".

Hay otra frase de la escritora y poeta estadounidense, Maya Angelou, que también refuerza esta idea:

"Las personas olvidarán lo que dijiste, olvidarán lo que hiciste, pero nunca olvidarán lo que les hiciste sentir".

No sé si has notado la fuerza que tiene esa frase, pero los resultados que conseguirás al enfocarte en la creación de experiencias positivas para tu público te sorprenderán y parte de lo que conseguirás con todo esto, es lo que conforma la segunda "C" de esta fórmula: **Confiar.**

La confianza es la base de muchas, o más bien, de todas las relaciones. Necesitamos confiar en las personas con las que lidiamos en nuestro día a día. Si no confiamos en ellas, el ambiente se vuelve desagradable y sentimos que, prácticamente, estamos lidiando con el enemigo. En transacciones comerciales en las que debemos dar nuestro dinero a cambio de algo, es mucho más crucial que confiemos en la otra parte. Si tenemos que darle nuestro dinero a un total desconocido, bien sea un prestador de servicios o a alguien en una tienda, y por alguna razón u otra no sentimos la confianza que necesitamos para hacerlo, simplemente, no lo haremos.

La confianza se construye a través de la coherencia, la transparencia y la buena comunicación. Cuando hablo de coherencia, me refiero a que si decimos que vamos a hacer algo debemos hacerlo, al menos, debemos hacer todo lo que esté en nuestras manos para cumplir con lo que hemos propuesto. Hay veces que se interponen cosas en nuestro camino que nos impiden hacer lo que prometimos, no somos perfectos y a veces surgen cosas, pero debemos demostrar que estamos trabajando en ello y luego entregar resultados.

Aunque necesitamos varios días, semanas o meses para inspirar confianza en nuestro público, lamentablemente, solo necesitamos una acción para destruirla en un minuto. Peor que cometer un error, es cometerlo y no asumirlo. Peor que cometerlo, es no comunicarle a la otra parte involucrada que estamos trabajando para remediarlo.

La "E" es de **Experimentar**. Es sumamente frecuente que, aunque alguien se sienta agradado por nosotros y por lo que hacemos, pero tendrá ciertas dudas sobre cómo será nuestro producto o servicio y cómo será el trato que recibirá. Es muy difícil para alguien imaginarse o visualizar claramente algo que nunca ha tenido o vivido y lo que suele hacer un cliente potencial cuando nos conoce, es compararnos con experiencias que haya tenido con otras personas o empresas similares.

Para evitar que seamos juzgados de manera injusta por lo que hayan podido hacer mal otras empresas, debemos darles a nuestros clientes potenciales la oportunidad de que nos prueben, que experimenten con nosotros y nuestro producto. Debemos reducir el riesgo que sienten que podrían estar asumiendo al trabajar con nosotros por primera vez y debemos construir un sentimiento de familiaridad con ellos, ya que, muchas veces el principal elemento de fricción para el visitante es el miedo a lo desconocido.

Con algunos productos o servicios será más difícil permitirles que experimenten con ellos antes de comprar, pero en esos casos, debemos hacer que prueben todo lo que acompaña al producto que comercializamos: nuestro trato, la velocidad de respuesta ante sus dudas, el tono de nuestra comunicación hacia ellos, etc. Recuerda que casi nadie compra al primer contacto con nosotros y nos pondrán a prueba desde el primer momento. De nosotros depende hacer que esa experiencia pre-compra sea lo más positiva posible.

C.A.C.E.C.: **C**onocer, **A**gradar, **C**onfiar y **E**xperimentar; son esas las etapas por las que quiero que pasen mis clientes potenciales antes de conseguir que lleguen a **C**omprar. Te sugiero que diseñes tu embudo de tal manera que hagas pasar a tus visitantes por cada una de ellas para que consigas muchas más conversiones.

EL PROBLEMA CON EL EMBUDO TRADICIONAL

Este concepto del embudo del Marketing existe desde mucho antes de que existiera Internet y desde luego, mucho antes de que existiera Twitter, Facebook o Google. Con la llegada de estos participantes al mundo del marketing, ganamos una gran ventaja en muchos aspectos, pero perdimos en otros. Ya no tenemos el mismo nivel de atención por parte del consumidor y ahora existen muchísimos más medios de distracción y de consumo de información, lo que hace que tengamos que ser más flexibles, pacientes y sobre todo, mucho más estratégicos.

Aunque las etapas del embudo siguen siendo las mismas, el orden de etapas suele ser diferente, según muchos factores. Ya no podemos ver el concepto del embudo como un trayecto del punto de partida "A" al punto de llegada "Z", sino más bien, el cliente potencial podría empezar en el punto "A", pero saltar al punto "J", luego yendo al "M", para devolverse al punto "C" y luego abandonar todo el proceso en el "X".

Actualmente nuestro cliente potencial, no solo tiene acceso a información ilimitada, sino que tiene acceso a ella a una velocidad de vértigo. Vivimos en una era multi-pantallas y no importa el momento ni el lugar, nuestros clientes siempre tendrán acceso a más información, más publicidad, más opciones para comprar, etc. Todo esto afecta el paso del visitante por nuestro embudo.

Tener conciencia de la situación es el primer paso, pero debemos ser proactivos a la hora de buscar soluciones. Cada sector del mercado es diferente, cada modelo de negocio es diferente y deberás aprender, improvisar y adaptarte sobre la marcha.

Por razones didácticas y pedagógicas, en este libro he dividido en módulos y secciones muchos de los aspectos de la conversión, pero en la vida real, todo pasa mucho más rápido y generalmente, están sucediendo varias cosas en simultáneo que nos acercan o nos alejan de las conversiones que buscamos. Cuando diseñes tu embudo de marketing, asume que tus clientes potenciales estarán a tan solo un click de perderte el rastro para siempre, así que, no definas una sola forma de contacto con ellos en cada etapa del embudo; más bien, busca varias maneras de hacer llegar tu mensaje y utiliza el factor multi-pantallas a tu favor para re-captar su atención siempre que sea necesario.

CLAVES PARA UN BUEN EMBUDO DE MARKETING

Independientemente del sector, modelo de negocio y tipo de embudo que queramos diseñar, hay ciertas características que son comunes entre todos y debemos tenerlas presentes para acompañar a nuestro cliente potencial desde el primer contacto con nosotros, hasta que conseguimos que nos compre. Para conseguirlo, enfócate en las siguientes claves:

Coordinación: Todas las fuentes de tráfico y todas las páginas de aterrizaje deben trabajar por un objetivo en común. Desde el inicio, sabemos cuál es el resultado final que queremos conseguir y debemos alinear todos nuestros recursos y tácticas para conseguirlo. Un error muy común que cometen muchos emprendedores es hacer campañas y acciones de marketing cruzadas destinadas al mismo público. Si tienes productos o servicios diferentes que promocionas en simultáneo, crea embudos diferentes para cada uno de ellos y haz que todas las etapas del embudo estén alineadas para conseguir la venta de ellos, sin causarte a ti mismo fugas o distracciones por intentar venderles "cualquier cosa" a todos los que entren a tu embudo.

Automatización: Todas las partes del embudo deben ser automatizadas lo máximo que se pueda. Hay algunas que siempre requerirán de la atención e interacción con una persona de la empresa y no deberían ser automatizadas, pero para poder hacer todo el proceso lo más escalable posible, tu embudo debe ser capaz de trabajar de manera autónoma 24 horas por día, 7 días por semana. Recuerda que la mayoría de personas que entran a tu sitio web jamás te comprarán y sería un trabajo demasiado pesado tener que cualificar de manera manual y directa a miles de personas que ni siquiera son tus clientes potenciales. Deja que la automatización se encargue de las primeras etapas del embudo y deja el trato personal y directo para las etapas más avanzadas, cuando ya haya que cerrar la venta. Dicho esto, igual asegúrate que tú o alguien de tu equipo esté siempre disponible para el cliente potencial, sin importar en cuál etapa del embudo él esté, porque como te expliqué antes, en el mundo actual las personas saltan de etapas en el embudo de una manera sumamente rápida y quien era un simple visitante hace 2 minutos atrás, podría estar ahora listo para considerar seriamente comprarte.

Conexión: cada una de las etapas del embudo debe estar conectada con la etapa siguiente de una manera obvia y clara, tanto para nosotros, como para el visitante. Aunque para el cliente potencial esta conexión tendría que ser bastante imperceptible, debe quedar muy claro cuál es el siguiente paso que se debe dar. La conexión no solo debe realizarse con etapas siguientes del embudo, sino con etapas anteriores también. En ocasiones, los prospectos querrán ir uno o varios pasos atrás para buscar más información, para replantearse alguna idea, para considerar mejor algo que ya le hayas propuesto, etc.

Nutrición: con esto me refiero a "nutrir" a nuestro cliente potencial con razones para confiar en nosotros y en nuestro producto y para acercarlo más a nosotros (y desde luego: nosotros acercarnos más a él). El cliente potencial siempre estará juzgándonos de una forma u otra y estará a la distancia de un click de dejarnos por la competencia. Siempre que podamos, debemos permitirles que prueben cómo sería la experiencia luego de comprarnos o contratarnos. Esto lo podemos hacer a través de muestras gratis, demostraciones guiadas, llamadas de orientación, etc. Más adelante en este capítulo, te hablaré más a fondo de este factor tan importante en la conversión.

Medición: los resultados obtenidos en cada una de las etapas de nuestro embudo deben ser medidos y contrastados con el objetivo inicial. Lo ideal es poder medir cada etapa por separado, pero también, debemos medir el resultado general obtenido desde que el cliente potencial entró por primera vez a nuestro sitio web, hasta que decidió comprarnos. Como explico en mi curso de Analítica Web, los datos y métricas que podamos recolectar en todo lo que hagamos, hará que sepamos qué es lo que debemos seguir haciendo como hasta ahora (lo que está funcionando) y qué es lo que debemos mejorar (lo que no nos está dando los resultados que esperábamos).

Adaptación: Al igual que todo el proceso general de conversión, la creación del embudo no es definitiva y siempre estará sujeta a cambios. Según los datos que obtengamos en nuestra medición de resultados, debemos hacer los cambios que sean necesarios para mejorar nuestros ratios de conversión. En muchos casos, te darás cuenta que tu plan "maestro", que se veía perfecto en papel, tendrás que cambiarlo por completo. Siempre que sea necesario haz cambios, improvisa, adáptate a una nueva situación o resultado. Es mejor volver a empezar que seguir luchando contra la corriente para que las cosas salgan como hubiésemos querido inicialmente que salieran.

Estas claves que te he mencionado no son las únicas ni las definitivas, pero si las tienes en cuenta a la hora de crear tu embudo de marketing, conseguirás muy buenos resultados. Y recuerda: cada negocio es diferente y tú deberás evaluar, probar y medir lo que funcionará mejor en tu caso.

BLOQUEOS Y FUGAS EN EL EMBUDO DE MARKETING

Como te comenté anteriormente, todo embudo de Marketing tiene fugas que impiden que muchos clientes potenciales lleguen a la compra. Al identificar las principales fugas, podremos hacer los cambios necesarios para reducirlas. Algunas de las más comunes, son:

Prospectos no cualificados: hay personas que entran a nuestro embudo por simple curiosidad, pero no poseen el perfil de cliente ideal para nosotros. Quizá el regalo o incentivo que ofrecimos al inicio fue atractivo para ellos y por eso decidieron darnos sus datos para recibirlo, pero su interés comenzó y acabó allí. Cuando alguien entra a nuestra lista de suscriptores y jamás abre nuestros emails, es una prueba de que no está realmente interesado. Sin embargo, podría ser culpa nuestra que no haya tenido un interés suficientemente alto como para tomar algún tipo de acción y deberíamos analizar bien si no estamos nutriendo al cliente potencial lo suficiente. En cualquiera de los casos, debemos asegurarnos de que nuestras campañas de promoción y todo lo que hagamos para traer más personas al inicio de nuestro embudo, esté enfocado en traer al perfil de cliente ideal que queremos en nuestra empresa.

Pasos innecesarios: someter al visitante a acciones y pasos en el embudo que podrían evitarse, complica el proceso y hace que perdamos un mayor porcentaje de clientes. Bien sea que queramos conseguir un *opt-in*, una llamada o generar una venta, debemos preguntarnos si todos los pasos que involucran esa acción son estrictamente necesarios. Todo lo que pueda ser eliminado y que no te ayude a conseguir otros objetivos paralelos, más vale eliminarlo. Hay momentos y situaciones en las que debemos quebrar esta regla, por ejemplo, si parte del proceso de cualificación de un prospecto consiste en hablar con él directamente por teléfono; en ese caso, en el formulario de *opt-in* es importante colocar ese campo. Aunque muchas personas decidirán no rellenar el formulario para no tener que darnos su teléfono, aquellas que sí lo hagan, estarán mejor cualificadas luego que hablemos con ellas.

Información confusa y/o contradictoria: Bien sea porque le damos al prospecto más opciones o información de las que necesita o porque no somos suficientemente claros en lo que él debe saber para tomar una decisión, o también, si en cualquiera de las etapas del embudo nos contradecimos con algo que hayamos dicho o hecho en otra de las etapas, perderemos clientes potenciales a lo largo de nuestro embudo. En el intento de querer explicar las cosas claramente, no debemos agobiar a nuestro cliente potencial y no debemos darle más que lo que pueda asimilar en un determinado momento. Ya tendremos oportunidades más adelante de aclararle cualquier duda que tenga (si es realmente un cliente potencial debidamente cualificado).

Intentar vender demasiado pronto: a las personas les encanta comprar, pero no les gusta que les vendan. A veces, aunque no seas demasiado directo o agresivo a la hora de sugerir la venta en etapas iniciales del embudo, los prospectos pueden sentirse presionados si aún no están preparados para hacerlo. Aunque ellos no son tontos y saben que todo lo que hacemos, lo hacemos para incentivarlos a comprar, todo tiene su momento y su lugar y debemos ser cuidadosos. Todo depende también de tu propio estilo y la manera como hayas decidido cerrar tus ventas; no hay un método o estilo que sea mejor que otro, porque depende del producto, del mercado y de la efectividad de la empresa a la hora de conseguir que los clientes compren. Pero generalmente, al cliente potencial no lo podemos forzar a comprar si aún no ha llegado a esa etapa del ciclo de compra.

Intentar cerrar la venta demasiado tarde: Cuando un cliente se encuentra en la etapa de avaluación de opciones y dejamos de hacer seguimiento con él o si, seguimos dándole más y más razones para comprar, pero sin incentivarlo a tomar acción en ese momento, corremos el riesgo que se decida por otras opciones de la competencia o simplemente, le pierda interés a nuestro producto o servicio. Hacerlo demasiado pronto nos afectará, pero intentar cerrar la venta demasiado tarde también nos hará perder clientes. Debemos elaborar nuestro embudo de tal manera que nos permita tener una idea más o menos clara de cuándo es el momento de cerrar la venta con alguien.

Recelos y preconceptos: No siempre la culpa es nuestra y las experiencias que nuestros prospectos hayan tenido con otras empresas nos afectan. Las personas llegan a nuestro sitio web cargadas de preconceptos y recelos que hacen nuestro trabajo mucho más difícil. No hay manera de cambiar eso, pero sí hay manera de superarlo. En el

Capítulo 6 hablaremos a fondo de este tema, pero te adelanto que la mejor manera de atacar estos recelos y preconceptos es asumirlos (en vez de ignorarlos) y mostrarle al cliente que sabemos (y comprendemos) que los tienen. Iremos un paso adelante y ya tendremos respuesta ante muchas de sus preocupaciones y las incluiremos en nuestro embudo, demostrándole que, en nuestro caso, puede sentirse tranquilo y que no lo defraudaremos.

LEAD NURTURING

El término *Lead Nurturing*, en mi opinión, tiene una horrible traducción al castellano: Nutrición de Leads. Así que a partir de ahora siempre me referiré al término en inglés.

El *Lead Nurturing* es todo lo que hacemos para crear una relación más estrecha y de confianza con nuestros clientes potenciales, independientemente de la etapa del embudo en la que se encuentren, preparándolos para el momento de tomar la decisión de comprarnos. Basándome en la fórmula C.A.C.E.C. que te he enseñado anteriormente, el *Lead Nurturing* abarca los puntos de Agradar, Confiar y Experimentar. El *Lead Nurturing* es lo que hacemos para transformar un simple prospecto en un prospecto cualificado y preparado para comprar.

El *Lead Nurturing* se debe hacer con determinación, pero con tacto, de la misma forma que lo haríamos en una relación personal. Imagina que a nivel personal te gusta alguien y quisieras iniciar una relación sentimental con esa persona. Si eres demasiado insistente y exageradamente frontal, la ahuyentarás. Pero si, por otro lado, vas muy despacio, con demasiada calma y sin sugerir de ninguna forma que te gustaría iniciar una relación sentimental, la otra persona podría perder el interés por ti y acabar por buscar otra opción. No podemos presionar ni apresurar a nadie para que haga (o sienta) lo que queremos, pero debemos estar preparados para ayudarle a dar el siguiente paso cuando veamos que se encuentra preparado.

Debemos estar presentes en la vida de nuestros clientes potenciales durante todo ese tiempo que se toman para pensar y decidir si nos compran o no. Sobre el tema de la frecuencia (qué tan frecuentemente debemos estar presentes en sus vidas), esto cambiará según el producto, el sector del mercado, el tipo de cliente potencial que buscamos, así que, debemos probar diferentes intervalos de frecuencia hasta conseguir el que funcione de la mejor manera para nosotros. Para algunos de mis productos, cada acción de *Lead Nurturing* se ejecuta cada dos días, para otros, una vez a la semana y cada canal o medio de contacto con el cliente potencial (emails, blog, redes sociales, canal de YouTube, etc.) está trabajando para estrechar esa relación con él.

En muchos casos, el proceso de *Lead Nurturing* lo desarrollamos con información a través de una campaña de Marketing de Contenidos y hay diferentes tipos de información para cada una de las etapas del embudo. Por ejemplo, los artículos de: "Cómo hacer...", "10 consejos para...", "7 formas para conseguir...", son ideales para las primeras etapas del embudo. Mientras que: estudios de caso, preguntas y respuestas, vídeos de demostración, etc., funcionan muy bien para las etapas de evaluación.

Debemos aprovechar el proceso de *Lead Nurturing* para cualificar a nuestros prospectos e identificar si realmente son el tipo de cliente que más le conviene a nuestro negocio. Aprovecharemos este proceso para hacerles preguntas (a través de encuestas y/o *quizzes*), escucharlos y conocer sobre sus preferencias y necesidades específicas. Recuerda que todo esto se debe automatizar lo máximo que sea posible, sin perder la cercanía humana de tu parte o de los miembros de tu equipo.

RECOMENDACIONES FINALES

Atrae tráfico general segmentado: lleva a tus visitantes a diferentes páginas de aterrizaje y crea una estrategia de tráfico perfectamente bien definida. No lleves tráfico a lo loco ni te concentres en la cantidad, sino en la calidad. Cada fuente de tráfico te traerá resultados diferentes.

asegúrate que los llevas al lugar correcto y los inventivas de la manera correcta.

Crea diferentes "carnadas" para convertir ese tráfico general en prospectos. Crea videos, audios, estudios de caso, pruebas gratis, consultorías gratis, etc. Los que no logres pescar con una carnada, los pescarás con la otra. Al mismo tiempo, concéntrate en crear carnadas que solo atraigan el tipo de clientes que quieres. No te conviene atraer a los curiosos, a los que no quieren pagar por nada

Califícalos y cualifícalos: califícalos a través del *Lead Scoring* y cualifícalos a través del *Lead Nurturing*. No te quedes a ciegas durante todo el trayecto de tus clientes potenciales por el embudo. Identifícalos lo mejor que puedas, en qué etapa se encuentran y crea un vínculo con ellos a través de todos los canales que tienes a tu disposición

Reduce el riesgo de entrada: Si vendes productos caros o cuyo riesgo para el comprador sea moderado/alto, crea productos de menos riesgo para que te vayan conociendo y confiando en ti. Crea ofertas auto-liquidadoras que, en la primera venta, solo te ayuden a cubrir costes y que puedas rentabilizar más adelante con futuras compras. Deja que se transformen en clientes con un producto o servicio de muy bajo riesgo para ellos y luego encárgate de dejarlos encantados para que te compren cada vez más.

Cierra la venta: Haz todo lo que tengas que hacer para cerrar esas ventas. No te conformes con las ventas que se cierren de manera automática. Ten una actitud proactiva y da el primer paso cuando tus clientes no lo den. Haz llamadas telefónicas, visítalos personalmente si tu negocio lo requiere, envíales emails de seguimiento, cartas de venta, etc. No olvides que el objetivo final es vender, así que vende.

CAPÍTULO 5:

Propuesta de valor y propuesta única de ventas

E stoy seguro de que muchas veces has escuchado hablar de la propuesta única de ventas y posiblemente también hayas escuchado hablar de la propuesta de valor. A veces, estos dos términos se confunden porque son conceptos muy parecidos y tienen una relación sumamente directa entre sí, pero cada uno tiene su uso particular y su momento. Para que puedas entender la diferencia entre ambos, vamos a suponer que yo formo parte de tus clientes potenciales y que cuento con el perfil de cliente ideal para tu empresa, pero me intriga saber por qué habría de comprarte a ti y no a tu competencia. ¿Qué me responderías?

Piensa en una frase corta que contenga una razón de peso y realista de por qué debo comprarte o contratarte a ti y no a tus competidores. ¿Qué es lo que hace especial a tu empresa y a tu producto/servicio, en este mundo tan competitivo y donde las opciones abundan? ¿Por qué no eres uno más del montón, sino que realmente tienes algo que te diferencie de los demás?

La respuesta que des es tu Propuesta Única de Ventas (PUV, o como se le conoce en inglés: USP - *Unique Selling Proposition*)

La Propuesta Única de Ventas se concentra en diferenciación o distinción. Debe haber algo que sea único en lo que ofreces (una o varias cosas) algo que te saque del montón. No necesariamente tiene que ser algo que solamente tú ofrezcas, pero tiene que ser algo que muy pocos de tus competidores tengan y que aquellos que puedan tenerlo, no tengan una marca bien posicionada delante del público con ese factor de diferenciación. Esa distinción podría estar en las características de tu producto o servicio, en el beneficio o resultado final que obtendrán tus clientes, en los métodos y manera de actuar de tu empresa, etc.

Habiendo dejado claro que la propuesta única de ventas se basa en diferenciación, pasemos ahora a la propuesta de valor.

La Propuesta de Valor engloba todos los beneficios que el cliente recibirá luego de que compre tu producto o servicio y refleja cómo su vida será mejor al comprarte o contratarte. Desarrollar una buena propuesta de valor requiere de una excelente comunicación/redacción (tienes que expresarla de una manera sumamente clara y llamativa) y debes ser capaz de ilustrar en la mente de tu público la satisfacción absoluta de sus necesidades y deseos al utilizar tu producto o servicio.

Cuando defines tu propuesta de valor, te basas en dos preguntas principales:

1. **¿Cuáles problemas/necesidades/deseos satisface o resuelve mi producto o servicio?**

2. **¿Por qué mis clientes deberían pagar por lo que pido en vez de buscar una alternativa gratuita o más barata?**

Al responder a estas interrogantes de una manera clara y de la forma más precisa posible, tanto en tu sitio web, como en tus emails, redes sociales, etc., tus clientes potenciales querrán saber más y pasarán a considerar seriamente la posibilidad de comprarte o contratarte.

Es importante no caer en el error que cometen algunos emprendedores de usar estos términos como parte de la redacción del sitio web o en cualquier otra forma de comunicación con los clientes potenciales. Es decir, no digas: "...mi propuesta única de ventas se basa en..." ni tampoco "...con mi propuesta de valor obtendrás...". Usa estos términos tras bastidores, detrás de las cámaras, pero no los uses delante de tu público, sino que pasa directamente a comunicarles tu factor de diferenciación e ilústrales cómo mejorará su vida con tu ayuda.

En vez de enfocarte en describir únicamente las características de cada uno, comunica los beneficios que tu producto ayuda a conseguir. Si yo vendiera una cámara fotográfica, en vez de decirte "haz fotos espectaculares con esta cámara de 24MP de resolución" más bien te diría algo como: "guarda tus mejores momentos para la posteridad a través de imágenes tan nítidas que te ayudarán a revivirlos cuando quieras". Luego, esto se respaldaría con información adicional e importante para el cliente potencial (cuántos megapíxeles tiene la cámara, cuál es la distancia focal del objetivo, qué tipo de tarjeta de memoria utiliza, cuánto pesa, etc., etc., etc.)

En el caso de negocios con muchos productos diferentes (por ejemplo, una tienda virtual con centenas o miles de SKUs o referencias diferentes) posiblemente cada uno tendrá una propuesta de valor diferente porque cada uno resuelve o satisface una necesidad específica y esto deberás comunicarlo claramente en la descripción del producto. Mientras que la propuesta única de ventas no necesariamente debería estar enfocada en cada producto, sino que podría ser general de tu negocio. Quizá sea que ofreces envío gratis, devoluciones hasta 12 meses, o quizá un regalo con cada compra.

7 CARACTERÍSTICAS QUE DEBEMOS DESTACAR EN NUESTRA PROPUESTA DE VALOR

Existen muchas maneras de aportar valor con lo que hacemos. Cada empresa, producto o servicio, tiene características específicas que atraerían a muchos clientes y debemos analizar cuáles son los principales beneficios que obtendrán al comprarnos, para destacarlos en el planteamiento de nuestra propuesta. Además, podemos tomar en cuenta lo que la gente suele buscar y valorar cuando decide comprar algo y presentárselo en nuestro producto (siempre y cuando podamos respaldarlo, desde luego).

A continuación, te mencionaré siete de las características más buscadas por todos los consumidores a la hora de comprar, pero no se trata de que las tengas todas (diría que es imposible ser capaz de ofrecerlas todas en simultáneo); se trata de que las tengas muy presente y selecciones aquellas que mejor se adapten a tus productos y modelo de negocio:

1.- Conveniencia: El producto tiene que aportar una utilidad clara y debemos transmitirla en nuestra propuesta de valor, así que, a la hora de definir cómo comunicarla, pregúntate: ¿De qué manera mi producto les hará ahorrar tiempo, ahorrar dinero, ser más eficaces, más rápidos, más fuertes, más saludables, verse mejor, sentirse seguros, sentirse como "héroes"? demuéstrales que tu producto les conviene porque los colocará en un estado de mayor bienestar (en cualquiera de los aspectos que tenga que ver con tu negocio) que en el que se encuentran actualmente.

2.- Calidad: En la teoría, todas las personas quieren comprar productos de buena calidad, pero en la práctica, esto no siempre sucede. Están acostumbradas a comprar productos o contratar servicios que no son de la calidad que esperan. Si nuestro producto o servicio posee realmente una excelente calidad, debemos destacarla en nuestra propuesta de valor. Siempre y cuando no caigamos en promesas falsas o en un optimismo exagerado sobre nuestro producto, debemos transmitirle a nuestros clientes potenciales que si buscan calidad, la encontrarán en nosotros.

3.- Novedad: En los casos que aplique, presenta tu producto como algo que se ha creado de manera exclusiva y reciente para satisfacer una necesidad/deseo o resolver un problema común. Esto no necesariamente implica tener que crear algo nuevo, sino mejorar lo que ya tenías y destacar sus nuevas cualidades. Sin embargo, ten en cuenta que la "novedad" no puede durar demasiado y tendrías que estar innovando constantemente si eliges ofrecer valor en este aspecto.

4.- Precio: Diferenciarnos por tener los precios más bajos es un acto bastante peligroso para pequeños empresarios y no lo recomendaría, prácticamente, en ningún caso, pero si llegaras a decidir hacerlo, compárate con tu competencia delante de tu público y demuéstrales que, si te compran a ti, se ahorrarán dinero. Encontrar el equilibrio calidad-precio y ser capaz de transmitirlo en nuestra propuesta de valor, es crucial para que las personas sientan que estarían decidiéndose por la mejor opción

5.- Personalización: Una de las ventajas de ser una pequeña empresa, es que podemos ofrecer productos o servicios personalizados. En caso de que el producto en sí no se pueda personalizar por cualquier razón, podemos hacerlo en el contacto con el cliente. Cada vez más las personas valoran un trato adaptado específicamente a sus necesidades individuales y si lo puedes ofrecer, será muy bien recibido. Desde luego, esto tendrá un precio y tus clientes tendrán que saber que para obtenerlo, deberán pagar más.

6.- Estética y diseño: Hay personas que valoran bastante la estética, por lo tanto, el aspecto visual del producto y todo lo que lo rodea, tendría que ser realmente atractivo. Tanto productos tangibles como intangibles se deberán presentar de una manera muy llamativa. Empaque, sitio web, materiales de promoción, etc., todo debe ser precioso.

7.- Minimización de los riesgos: Todas las personas buscan seguridad, tranquilidad y paz mental. Por un lado, tenemos la forma en que tu producto les ayudará a conseguir todo eso, y por el otro, el proceso de compra, con todo lo que involucre la transacción entre el cliente y tu empresa, debe transmitir que no hay nada que temer y que los riesgos han sido controlados y minimizados. Esto es particularmente importante en sitios web con productos de precio algo más elevado y en sectores donde los compradores no están muy acostumbrados a lidiar con empresas a través de Internet.

Como te comentaba antes, no se trata de que le ofrezcas a tus clientes todas estas características, sino que las tomes en cuenta para decidir lo que les ofrecerás en tu propuesta de valor. Implementa, adapta y comunica las maravillas de tu producto, siempre tomando en cuenta lo que las personas valoran.

5 PASOS PARA REALIZAR UNA PROPUESTA ÚNICA DE VENTAS

Definir una buena propuesta única de ventas y saber comunicarla de la mejor manera, requiere tiempo, paciencia, mucho análisis y constante adaptación. Para ayudarte a hacer el trabajo un poco más fácil, te recomendaré 5 pasos que podrás usar como referencia y seguirlos en ese orden a la hora de crear la tuya. No te dejes engañar por lo breve de los siguientes párrafos que verás a continuación, ya que, contienen detalles intrínsecos que harán una gran diferencia en la manera como creas tu propuesta:

1.- Revisa y refina el tipo de cliente ideal para ti: Como te expliqué en el capítulo 2 de este libro, deberás definir y conocer muy bien al tipo de cliente ideal para tu negocio. Revisa el estudio que hayas hecho (si aún no lo has hecho, empieza por ahí porque estarías perdiendo el tiempo al intentar crear tu propuesta única de ventas sin definir a tu cliente ideal) y refínalo lo máximo que puedas. No definas una PUV basándote en un público amplio creyendo que con eso tendrás mayores posibilidades de captar más clientes. Enfócate en tu cliente ideal y en sus valores, deseos y necesidades.

2.- Enumera todas las características que podrían hacerte único: Haz una lista de todo lo que podrías ofrecerles a tus clientes que la competencia no está ofreciendo actualmente (o al menos, que no esté ofreciendo de la mejor manera). Lo ideal sería que crearas una lista con un mínimo 5 características diferentes. Si puedes llegar a diez, estupendo, pero no es una tarea fácil y deberás darte tu tiempo (semanas y a veces, meses). Posiblemente ya tengas algunas actualmente y posiblemente tengas que pensar en otras más para poder completar la lista.

3.- Identifica el problema principal a resolver o el deseo a satisfacer: Cuando conozcas muy bien a tu público ideal, sabrás cuáles son sus mayores problemas y principales deseos que quieren satisfacer. Lamentablemente, no puedes incluirlos todos en tu PUV así que deberás concentrarte en el más importante o el más valorado por tus clientes. Asegúrate de definir aquel que tendrá un mayor impacto en la decisión de compra de tus clientes. Haz pruebas constantes hasta que encuentres al ganador.

4.- Investiga a fondo las propuestas de tus competidores directos: Lo mejor de tener competidores, es poder analizar todo lo que ellos hacen mal y mejorarlo en nuestro negocio. Escucha al público de tus competidores, lee los comentarios que les dejan en todas sus redes sociales, busca en Google lo que la gente comenta, descubre todos sus defectos y mejóralos en todo lo que puedas.

5.- Redacta tu PUV: De la lista que recopilaste en el paso N°2, extrae las características que tengan relación directa con el problema o deseo principal que encontraste en el paso N°3 y utiliza como referencia lo que hayas descubierto en el paso N°4. Ahora es cuando llega el momento de redactar y comunicar lo que te hace especial, lo que te hace diferente al resto y ser capaz de transmitir con claridad "Por qué tú y no tus competidores".

Es importante que tu PUV sea sumamente clara, evidente y que esté muy bien representada en tu sitio web. En ocasiones podrá ser a manera de slogan (como lo verás más adelante), otras veces en una frase dentro de un banner, inclusive en tus políticas de venta, etc. Asegúrate que tus visitantes tengan varias oportunidades de ver y entender tu PUV.

PRINCIPALES ERRORES QUE SE DEBEN EVITAR A LA HORA DE CREAR UNA BUENA PUV.

Seamos honestos: esto de crear una buena PUV es un trabajo tedioso para la mayoría de emprendedores, lo que causa que queramos tomar atajos y que nos engañemos a nosotros mismos con creencias falsas y que nos perjudicarán a corto o mediano plazo. Definir y redactar una buena PUV requiere de investigación, mucho análisis y mucha experimentación. Algunos errores que se suelen cometer por pereza o descuido en este proceso son los siguientes:

Asumir que el público ve las cosas de la misma manera que nosotros: Es nuestro negocio, nuestro producto, nuestro bebé y es muy común escuchar a emprendedores diciendo *"…!pero si está clarísimo que yo soy mejor que la competencia! ¿Por qué no me compran a mí!?!?!?"* Si vas a asumir algo, es mejor que asumas que nadie cree en tu producto o servicio, que a nadie le interesa y que nadie le ve el valor que tiene. Esto hará que te esfuerces en comunicar sumamente bien tu PUV. Cuando tu público la compare con otras opciones, entonces entenderá que eres la mejor opción.

Sobreestimar el valor que tiene un producto o servicio: Igual que con el error anterior, solemos pensar: *"…pero si mi producto es buenísimo y les cambiará la vida a muchas personas!!"*. Sí, claro, el nuestro y miles de otros más. Es normal que le demos mucho valor a lo que hacemos, pero tenemos que ser realistas en relación con cómo nos ve nuestro público. Posiblemente nuestro producto sea realmente muy valioso, pero si el público no lo entiende de esa manera, poco importa lo que nosotros creamos. El valor percibido del producto es lo único que importa (mucho más que el valor real) y debemos buscar a través del posicionamiento de nuestra marca, que el público lo sienta de la misma manera que nosotros.

Enfocarse en ventajas o soluciones erradas. Posiblemente nuestro producto resuelve varios problemas o quizá ofrece varias ventajas, pero no tiene sentido ofrecer como factor diferencial, por ejemplo, "diseños originales" si lo que tu público realmente busca es "rapidez en el servicio". Esto es lo que sucede con muchos fabricantes de teléfonos móviles, que siguen enfocándose en pantallas más nítidas cuando en realidad, lo que la mayoría de la gente quiere, son baterías que duren mucho más. Descubre la principal prioridad de tus clientes potenciales y enfócate en ello.

Lanzar la PUV a gran escala sin haberla probado a pequeña escala. En marketing, prácticamente todo es un trabajo en constante desarrollo y nunca existe un final a lo que hacemos. La propuesta que creemos hoy será la versión 1.0 y debemos ponerla a prueba a pequeña escala. Es un error crear varias campañas de marketing en Facebook, Adwords, etc., sin haber probado nuestra PUV actual con un pequeño segmento de nuestros clientes. Tenemos que asegurarnos que la propuesta es clara, atractiva y ofrece un beneficio evidente para nuestro público. Solo después, debemos lanzarla a gran escala (y seguir haciendo los ajustes que sean necesarios a medida que tanto nosotros, como nuestro público, vamos evolucionando).

No tener en cuenta el nivel de satisfacción de los clientes con la competencia. Ofrecer el mismo producto que ofrece la competencia, mejorando uno o varios aspectos, no es garantía de éxito. Si nuestros clientes están contentos con la competencia y nuestro factor de diferenciación no aporta realmente una ventaja sobre lo que ellos reciben actualmente por parte de otras empresas, no conseguiremos que se fijen en nosotros. Dependiendo del tipo de negocio, el producto, lo que el público valora y lo que la competencia está ofreciendo, la PUV debe ser revolucionaria para que pueda ser tomada en cuenta.

Tener en cuenta estos errores comunes nos ayuda a cuestionar lo que hacemos y a plantearnos alternativas que no habíamos considerado. Aunque también nos puede causar agobio e indecisión, es importante que nos convirtamos en detractores de nuestras propias ideas, para asegurarnos que lograremos transmitir la mejor PUV a nuestro público objetivo.

PUV COMO *SLOGAN* DE LA EMPRESA

Un *slogan* (o eslogan) es una pequeña frase, generalmente fácil de recordar y que sirve de lema publicitario para identificar a una empresa (o producto) y su esencia.

Cuando una empresa es capaz de condensar y transmitir en una pequeña frase su propuesta única de ventas, podría y debería usarla siempre como su slogan. Sin embargo, no todos los slogans son PUV ni todas las PUV pueden ser utilizadas como slogans.

Por ejemplo, el slogan de Nike "*Just do it!*" (¡"Solo hazlo!") no puede ser considerado una propuesta única de ventas. Esa orden (¡"hazlo!") no refleja claramente el factor de diferenciación de Nike frente a empresas como Puma o Adidas. Lo mismo sucede con el slogan de Nokia "*connecting people*" ("conectando a la gente" o "conectando personas") absolutamente todas las empresas de móviles conectan a la gente, así que no hay un factor de diferenciación y, por lo tanto, no se puede considerar una propuesta única de ventas.

Aunque tener un *slogan* no es absolutamente necesario, crearlo, así sea solo para nosotros, nos ayuda a definir mejor el planteamiento de nuestra PUV

Veamos algunos casos de empresas internacionales que sí transmiten en un *slogan* su PUV:

Domino's pizza "Pizza caliente en tu puerta en 30 minutos o es gratis": ¿Es Domino's la única empresa en entregar pizza en 30 minutos o menos? posiblemente no, pero fueron los pioneros en hacerlo y se posicionaron en el mercado con esa PUV (actualmente esa propuesta se mantiene solo en algunos países, no en todos donde la franquicia está presente).

Wal-Mart "siempre precios bajos": la cadena de supermercados estadounidenses se ha posicionado a lo largo de los años como el lugar donde las personas podrán encontrar los precios más bajos y se aseguró que esa propuesta quedara presente en su *slogan*.

Energizer "Sigue y sigue y sigue" (en algunos países: "...y dura y dura y dura"): Existen otras marcas de batería que probablemente ofrecen un tiempo de vida útil de sus productos más extenso, pero Energizer logró incorporar, inclusive en la cultura popular, que, si algo dura mucho, es como Energizer.

M&M: "el chocolate se derrite en tu boca, no en tus manos": todos los amantes del chocolate sabemos que la temperatura afecta la calidad del producto y M&M ha destacado por ofrecer "chocolates" (entre comillas, porque los puristas del chocolate como yo, consideramos que eso no es chocolate verdadero, pero eso ya es otro tema) que por su cubierta de caramelo, no se derriten tan fácilmente.

AVIS: "Nos esforzamos más": la empresa de alquiler de coches utilizó parte de sus debilidades, en este caso, no ser la empresa Nº1 de alquiler de coches, para transmitirle a sus clientes que se esmeran en ofrecer un mejor servicio que la empresa líder del sector. Asumen su posición de desventaja y la usan para cautivar al público.

No siempre podremos incorporar nuestra propuesta única de ventas en el *slogan*, pero si lo conseguimos, lo incluiremos en todos nuestros materiales promocionales para no perder ninguna oportunidad en comunicarle a nuestro público, por qué deben considerarnos a nosotros y no a la competencia.

SUGERENCIAS PARA CREAR UN BUEN *SLOGAN*

Existen muchos estilos y cada profesional o empresa debe ser fiel al suyo. A la hora de redactar esa pequeña frase que nos identificará o que reforzará lo que somos y lo que hacemos, debemos tener en cuenta nuestros valores y filosofía, pero también, la manera de pensar de nuestro público objetivo y lo que esperan de nosotros, de una forma u otra.

A continuación, te daré algunas sugerencias que considero importantes al momento de redactar tu *slogan*:

Mantenlo simple: Tu público debe ser capaz de entenderlo perfectamente. No hay que ser demasiado poéticos, creativos o profundos a la hora de crearlo. Esa no es la idea y si intentas sonar sofisticado o inteligente con frases complejas, podrías confundir al público y causar el efecto contrario.

Agrégale emoción: Haz que tu público sienta algo al leerlo. Puede ser esperanza, tranquilidad, alegría, etc. Inclusive, si tu modelo de negocio y sector en el que te desenvuelves lo permite, agrégale humor o al menos, algo que haga sonreír a tu público. Pinta una imagen en la mente de quien lo lee y asegúrate que esa imagen ilustra de alguna forma el resultado de usar tu producto.

Evita las hipérboles: Mantente alejado de "el mejor...", "el más…", "el Nº1...", etc. Todos se autodefinen como todo eso y llega a sonar ridículo muchas veces. Posiblemente sientas que sí lo eres, pero si no hay un montón de pruebas que lo demuestren y que tu público sea capaz de encontrar sin mayor esfuerzo, entonces serás uno más intentando venderse como el súper-recontra-mega-número-uno del mercado.

Sé diferente. Si tus competidores son serios, prueba siendo divertido. Si las demás empresas del sector quieren posicionarse como "la más rápida", ¡no seas la más lenta!, pero, hazlos quedar en ridículo delante de tu público demostrándoles que una característica como esa, no es lo único que importa. Muchos intentan ser el mejor, pero no se detienen a pensar que lo más rentable hoy en día, es ser el diferente.

Añádele ritmo: Algunos *slogans* riman y otros, aunque no riman, tienen cierta rítmica. El número de palabras, la longitud de cada palabra y la composición general del *slogan* hacen que sea rítmico. Por esto, muchas veces se usan sinónimos o juegos de palabras para añadirle ese ritmo que lo hace memorable y fácil de repetir. Escucha tu slogan y determina si tiene ritmo y si es fácil de recordar por la manera como están unidas las palabras que lo componen.

Poder comunicar en una frase tan pequeña como el *slogan* toda la esencia de nuestra propuesta única de ventas, es un verdadero reto que deberíamos asumir, ya que, se puede convertir en una de nuestras principales armas de comunicación para cautivar al público que queremos.

"PRECIO; CALIDAD; SERVICIO. ESCOGE DOS"

A diferencia de lo que los gurús de desarrollo personal suelen decir, no se puede tener todo en la vida. Es imposible tener un producto con la mejor calidad, entregado con el mejor servicio al mejor precio. Sí, es totalmente discutible lo que te acabo de decir y hay grandes empresas que ofrecen las tres cosas, pero tanto para ti, como para mí y para la gran mayoría de pequeños empresarios y emprendedores que están leyendo este libro, es mucho más realista enfocarse en dos de esas características.

Si algo es de muy buena calidad, probablemente no sea barato producirlo o fabricarlo. Si una empresa ofrece un excelente servicio, seguramente se ha esmerado en contratar al mejor personal y entrenarlo adecuadamente. En el caso de profesionales autónomos, si dedican mucho tiempo y esfuerzo en el trato con sus clientes para que se sientan muy bien atendidos, eso no saldrá nada barato (a menos que estos profesionales autónomos no valoren adecuadamente su tiempo y esfuerzo).

Si fabricar un producto de excelente calidad cuesta bastante dinero y si ofrecer un excelente servicio cuesta mucho tiempo y esfuerzo, sería totalmente absurdo ofrecer los precios más bajos del mercado (quedaríamos perdiendo dinero y en poco tiempo, no podríamos seguir manteniendo el negocio).

Jamás me ha parecido una buena estrategia, para un pequeño empresario, diferenciarse de la competencia teniendo los precios más bajos, sobre todo, cuando tienen como competidores a empresas multimillonarias cuya infraestructura y recursos siempre les podrán permitir ofrecer precios más bajos al mismo público.

¿Cómo puede un pequeño empresario, que ha decidido montarse una tienda online, competir con los precios que toda la maquinaria e infraestructura de Amazon le permite ofrecer? Es imposible. Pero, por otro lado, Amazon es tan grande que carece de cercanía, de personalización y de muchas otras cosas que un pequeño empresario sería capaz de ofrecerle a sus clientes.

Yo he realizado varios estudios de mercado en diferentes nichos a lo largo de los años y te puedo decir por experiencia, que la gran mayoría de personas le da mucho valor al servicio. El buen trato y atención que le demos a nuestros clientes es la característica más valorada por ellos.

Hay casos en los que las personas te dirán que es mucho más valioso para ellos un producto de buena calidad a un buen precio y que no le dan importancia al servicio, pero créeme, están mintiendo. Posiblemente mienten de manera inconsciente por repetición, imitación o costumbre, pero no es así. Es posible que te lo digan para que no les cobres mucho o porque tienen un presupuesto tan justito que no se pueden permitir valorar un excelente servicio. Si has decidido montar un negocio que está enfocado en personas de muy poco dinero, entonces no puedes darte el lujo de ofrecerles un producto de excelente calidad, con el mejor servicio.

Sea como sea, generalmente hay una desconexión entre lo que las personas creen que valoran y lo que realmente valoran. A través del estudio de mercado, podrás tener una idea bastante clara de lo que realmente espera tu público.

También, es importante tener en cuenta todos aquellos factores que se escapan de nuestras manos y que no tenemos manera de controlar o mejorar. Por ejemplo, si decidimos ofrecer un excelente servicio, el acompañante más lógico sería ofrecer un producto de excelente calidad, pero en ocasiones, la calidad no depende de nosotros, ya que, si vendemos productos o servicios creados o fabricados por otras empresas, los responsables de la calidad son ellos, no nosotros. Pero al menos, podríamos esmerarnos en tener un sitio web de excelente calidad, con una excelente redacción persuasiva y así contrarrestar cualquier problema de calidad del producto en sí.

Dicho todo esto: Precio; calidad; servicio… escoge dos y asegúrate que los transmites muy bien en tu propuesta única de ventas y en tu propuesta de valor.

CONVIRTIENDO TU PROPUESTA EN ALGO IRRESISTIBLE

Lo que hace que seas irresistible para tus clientes potenciales es un equilibro entre el grado de deseo o necesidad que ellos sientan por lo que ofreces y el grado de exclusividad que tú poseas para satisfacerles sus deseos o necesidades.

Si ofreces algo con características realmente únicas y exclusivas, pero el grado de deseo o necesidad de tu público no es suficientemente elevado, entonces podrías ser totalmente irrelevante para ellos.

Si tu público tiene un elevado grado de deseo o necesidad por tu producto, pero hay miles de empresas que ofrecen exactamente lo mismo que tú ofreces, entonces no serás irresistible para ellos.

Para poder crear propuestas irresistibles, además de la relación Grado-de-Deseo/Grado-De-Exclusividad deberemos tomar en consideración otros factores:

Originalidad: Si tu PUV es original y no es de aquellas comunes que se ofrecen en casi todas las empresas ("excelente servicio al cliente"; "muy buena relación calidad/precio", "los precios más bajos", etc.) tendrás más posibilidades de destacar sobre tus competidores y volverte irresistible para tus clientes. Ser pioneros en algo, especialmente en un mundo plagado de opciones, sin duda es una gran ventaja que hará que tus clientes se fijen en ti. La originalidad no siempre trae buenos dividendos, sobre todo si no va acorde con lo que el público necesita o desea, pero hoy en día, más vale ser diferente que ser el mejor.

Excelencia: En este caso, la excelencia consiste en saber entregar de la mejor manera, aquello que prometiste en tu propuesta única de ventas. Varias empresas podrían tener una PUV similar, pero aquella que sea mejor a la hora de entregarla, conseguirá mayor respeto y reconocimiento por parte de su mercado. Cualquier empresa puede prometer mucho en su PUV y fallar terriblemente a la hora de entregarle a su público lo que le prometió, así que, es importante considerar tus capacidades y limitaciones a la hora de crear una propuesta irresistible.

Demostración: En muchos casos, los clientes solamente serán capaces de comprobar lo buena que es tu propuesta luego de haberte comprado o contratado, pero debemos demostrarles a todos aquellos que aún no lo han hecho, que somos buenos en lo que hacemos y que realmente conseguirán un beneficio con nuestro producto. Si está dentro de tus posibilidades, dale a tus clientes potenciales una pequeña muestra de lo que ofreces para que puedan comprobar que tu PUV no es pura habladuría. Igualmente, usa testimonios de otros clientes, estudios de casos y todo lo que tengas a tu disposición para demostrarle a los clientes potenciales que, con tu empresa, obtendrán exactamente lo que estaban buscando.

Además de estos factores, no olvides lo que te he sugerido en este módulo y especialmente, no olvides que tu propuesta debe ser clara, simple y evidente. Con ella debes conseguir que su valor percibido esté por encima del precio que cobras. El valor es algo sumamente subjetivo y cada persona tiende a percibirlo de su propia manera, basándose en sus deseos o necesidades particulares, en su experiencia previa, preconceptos, idiosincrasia, etc., pero nosotros como empresarios somos responsables por transmitir el valor de la manera más seductora posible (sin caer en engaños ni trampas) haciendo que el público lo vea como algo que no se querrán perder. Esto no se logra de la noche a la mañana, así que, te recomiendo que empieces cuanto antes, aplicando los consejos que te he dado en este módulo y a lo largo de este libro.

Para finalizar este tema quiero dejarte con una reflexión:

Un sitio web precioso y muy bien estructurado, que cargue rápidamente, que todos halaguen por su belleza, pero que contenga una propuesta única de ventas escasa o inexistente y una propuesta de valor mal articulada o mediocremente transmitida, no generará buenas conversiones.

Debe haber un equilibrio entre todos los factores que hacen que un visitante se transforme en cliente y la propuesta única de ventas, así como la propuesta de valor de tu empresa, tendrán un papel increíblemente importante.

CAPÍTULO 6:

Riesgos, incertidumbres y dudas
de los clientes

E ste capítulo es un primer abordaje al tema de los miedos y objeciones de nuestros clientes potenciales. En este, me enfocaré en los problemas y cómo identificarlos; en el próximo capítulo, nos concentraremos en las posibles soluciones a esos problemas.

Al inicio de este libro te mencioné 10 razones por las que las personas no te compran. Esas razones, puedes considerarlas como objeciones y debes analizarlas una a una y con la mayor objetividad y honestidad posible para determinar cuáles cambios deberás hacer en tu negocio, en tu propuesta de ventas e inclusive, en el lenguaje que utilizas con tus clientes potenciales.

Nuestro principal enemigo a la hora de generar conversiones es la mente de nuestros clientes potenciales. Todos los seres humanos tenemos una mente muy inquieta, que salta de un lugar a otro en cuestión de milisegundos; juzgamos todo lo que nos rodea, inclusive, sin tener toda la información necesaria para juzgar. Rellenamos espacios en blanco con aquello que asumimos que debe ser cierto y una vez hemos encontrado una posible teoría que nos parece mínimamente válida, creamos todo un estado mental alrededor de ella. Todo eso juega en nuestra contra al momento que queremos seducir a nuestro cliente potencial.

Como se suele decir: una mente confundida siempre dirá "NO" y forma parte de nuestro trabajo identificar la mayor cantidad de objeciones y recelos que puedan tener nuestros clientes potenciales para adelantarnos a ellos y eliminarlos antes de que nos afecten.

Una vez le escuché decir a uno de mis mentores, Joel Roberts, algo que siempre me acompaña cuando redacto cualquier pieza informativa o de venta para mis clientes: *"háblale a las objeciones antes de que las objeciones te hablen a ti"*. Esta frase transmite perfectamente que debemos hacer mención a las objeciones, debemos atenderlas, reconocer que existen en la mente de nuestro cliente potencial y adelantarnos a ellas con argumentos y razones válidas para eliminarlas.

Existen muchísimas objeciones y dudas que afectan nuestras conversiones, pero muchas de ellas podrían estar representadas dentro de tres categorías principales:

Escepticismo: Internet hace las cosas muy difíciles en este sentido. Es muy difícil confiar en personas o empresas que están detrás de una pantalla. Cuando nuestros clientes no nos pueden ver la cara directamente, no pueden percibir muchas cosas que normalmente sirven de señales para saber si se puede confiar en alguien o no (como la mirada, la expresión corporal o inclusive, la apariencia de la persona). Esto genera miedo, duda, desconfianza y hace que nuestros clientes tengan las armas y escudos puestos muy en alto para defenderse ante posibles engaños o estafas. Desde luego, pagamos justos por pecadores y eso forma parte de la realidad que debemos aceptar.

Incomprensión: Cuando las personas tienen dudas, muchas veces se las callan. Al no expresarlas, no podemos ayudarles y el camino más fácil para ellos en este caso, es el de la puerta de salida (o el botón de "atrás" del navegador). En vez de investigar un poco más a fondo, las personas optarán por dejarlo y pasarán a cualquier otra cosa que capte su atención en ese momento. Si no somos capaces de transmitir con claridad los detalles de nuestros productos o servicios, es muy probable que la mayoría de los clientes no nos pregunte nada y se marchen sin darnos la oportunidad de aclararles lo que necesiten.

Estancamiento: Muchas personas interesadas en lo que ofrecemos, nunca llegan a tomar una decisión, no dan el siguiente paso, ¡haciendo que nosotros los empresarios queramos arrancarnos el cabello de la frustración! En ocasiones, no llegan a tomar ningún tipo de acción porque no son ellos los que toman la decisión, sino que tienen que consultarlo con la pareja, con el jefe, con el socio, con sus superiores, etc., y ese proceso puede ser muy largo. Otras veces, no se deciden porque tienen muchas cosas en qué pensar, porque les da pereza llamarnos o simplemente, representa mucho esfuerzo mental para ellos pulsar el botón de comprar y rellenar el formulario con sus datos.

Sea cual sea la razón, debemos comunicarnos con nuestros clientes potenciales lo más directamente que podamos, debemos preguntarles lo que los frena y eliminar esos obstáculos o dudas para que ellos se sientan a gusto (y seguros) comprándonos. Sin embargo, te advierto que las personas muchas veces ni siquiera saben por qué no quieren algo y no saben identificar lo que les molesta o lo que no les termina de convencer. Esto dificulta nuestro trabajo y hay poco que podamos hacer al respecto.

Debemos tomarnos con mucha paciencia y objetividad lo que las personas piensen sobre nuestra empresa o producto, pero, sobre todo, debemos tomárnoslo con la mente muy abierta, porque posiblemente descubriremos cosas que nos parecerán totalmente absurdas y no sepamos cómo lidiar con ellas. Estaremos luchando con las frustraciones, traumas, preconceptos, fobias y carencias de nuestros clientes potenciales, lo que hará que nos convirtamos en una especie de "psicólogos comerciales" para intentar hacerles ver las cosas de otra manera.

CÓMO DETERMINAR LAS OBJECIONES COMUNES DE LOS CLIENTES POTENCIALES

En el capítulo 2, te hablé de los cuatro elementos básicos que componen el estudio de mercado: entrevista, encuesta, recopilación documental y *tests*. Ahora que queremos investigar y averiguar todo lo que detiene a nuestros clientes a la hora de comprarnos, nos será muy útil recurrir a esos elementos.

Muchos emprendedores se sienten incómodos preguntándole a sus clientes potenciales lo que los frena, pero no hay mejor manera de eliminar todas las posibles objeciones que consultándole directamente a la fuente. No tiene nada de malo preguntar lo que queremos saber, además porque no lo haremos con absolutamente todas las personas que nos rechacen, sino que lo haremos con un grupo de ellos. Yo considero que es suficiente preguntarle a aproximadamente un 20% de las personas que no nos compran, las razones, objeciones y dudas que les impidieron tomar acción.

Y ¿sabes qué es lo mejor? que en este proceso es posible que ¡logres cerrar algunas ventas! porque algunas personas le dan mucho valor a esta comunicación tan directa y franca y les demuestra que te preocupas por ellos y por darles lo que ellos realmente quieren. Al mismo tiempo, tendrás la oportunidad de aclararles algunas de sus dudas, que posiblemente no se atrevían a aclarar por ellos mismos y de esta forma, eliminarás sus temores y recelos.

A través de la entrevista personal y de las encuestas, podríamos preguntarles:

"¿Qué te preocupa con relación a lo que te ofrezco?" Con esta pregunta, queremos que se abran con nosotros. Desde luego, no podemos esperar que todos, ni que la mayoría, se abran realmente y sean totalmente honestos con nosotros, pero debemos buscar las respuestas que nos interesan, así sea de un pequeño grupo de ellos (los que sí quieran abrirse con nosotros).

"¿Podrías decirme por qué te preocupa?" Aquí queremos descifrar sus temores más intrínsecos, las emociones negativas que lo acompañan y queremos encontrar sus frustraciones, decepciones y malas experiencias que hayan podido tener en el pasado con otras empresas y que, en este momento, nos afecten a nosotros al querer cerrar la venta.

"¿Cuál es el resultado ideal que buscas?" Esta pregunta equivale a darles el permiso total y absoluto de describirnos, en su mundo ideal, cómo quisieran que fuese nuestra propuesta para ellos. Nos dará ideas para saber cómo podemos cambiar el enfoque de lo que hacemos y hacerlo más atractivo para nuestro público. Desde luego, no los podemos complacer a todos, pero nos darán ideas que podremos implementar.

"¿Cuáles factores son cruciales para ti al momento de tomar una decisión?" Probablemente las respuestas que consigas con esta pregunta serán muy "cliché". Te recomiendo que no te las tomes muy a pecho porque en muchos casos, ni ellos mismos sabrán cuáles son esos factores importantes que los llevan a tomar una decisión. Como te he dicho anteriormente, lo que queremos es encontrar pequeñas "joyas" escondidas en sus respuestas y aunque tengamos que descartar la mayoría de opiniones, seguramente encontraremos ideas sumamente valiosas en las respuestas que nos den.

Además de esas preguntas, podríamos hacer otras mucho más específicas y simples que no requieran de mucho pensamiento por parte de nuestros clientes potenciales. Por ejemplo:

"¿Has encontrado lo que buscabas?"

- Sí

- No (¿Qué buscabas?)

"¿Qué te parece el aspecto de nuestro sitio web?"

- Muy profesional

- Aceptable

- No me inspira confianza (¿Por qué?)

Desde luego, no todas las personas responderán, pero tampoco nos hace falta que todos lo hagan. En las respuestas que consigamos, podremos descubrir pequeños detalles que no habíamos considerado o también, cambios y mejoras sumamente obvias (pero que no habíamos tomado en cuenta) que debemos realizar con urgencia.

Ahora: ¿Cómo podemos hacerles estas preguntas a nuestros clientes potenciales si no los tenemos cara a cara?

Hay varias maneras. Escoge las que quieras, pero particularmente te recomiendo que si puedes, apliques todas o la mayoría de ellas durante algunas semanas (o meses, dependiendo de la cantidad de tráfico que recibas):

Encuestas *Pop-up*: Puedes instalar en tu sitio web un código de encuestas que se abran como ventanas emergentes en una esquina inferior de tu sitio web, donde podrás hacer las preguntas que quieras mientras el usuario esté navegando por tu sitio. Sí, sé lo que estás pensando y tienes razón al pensar que pocas personas le dan atención a esas ventanas emergentes y pocas personas responderán a ellas, pero recuerda que no queremos que lo hagan 100% de las personas; yo quedo contento si de cada 100 visitantes, 4 me responden a las preguntas que les hago a través de esas ventanas emergentes.

***Pop-ups* de salida:** son ventanas emergentes que se activan únicamente cuando el ratón del visitante sale de la pantalla principal de nuestro sitio web. Es decir, cuando existe la intención de abandonar nuestro sitio sin haber llegado a un paso más cercano al de la compra. Suelen ser un poco más molestas para el usuario que las ventanas emergentes que se abren en una esquina inferior del sitio, pero el fin justifica los medios (...y no traumatizaremos a nadie por mostrarle una ventanita al intentar salir de nuestro sitio web).

Remarketing: Como ya sabrás, debemos "cookiar" (insertarles cookies de rastreo) a todos nuestros visitantes para poder hacerles campañas de seguimiento a través de *banners* que ellos verán en muchos de los sitios web que visiten. Podemos aprovechar esto para también encuestarlos. En el propio *banner* podemos hacerles preguntas que despierten su curiosidad para que hagan click y vayan a la página de la encuesta. Con esta técnica puedes ser lo más creativo que quieras (tomando en cuenta tu tipo de público, obviamente) y si logras conseguir respuesta del 0,10% de las personas que vean esos banners, podrás sentir que has cumplido tu meta satisfactoriamente.

Seguimiento por *email*: Aquellas personas que nos hayan dado sus datos y que formen parte de nuestra lista de suscriptores, serán nuestros mejores aliados a la hora de intentar descubrir por qué no nos compran. Yo les pregunto a todos mis suscriptores por qué no dieron el siguiente paso y generalmente recibo respuesta de alrededor de 10% de ellos. Al hacerlo, he logrado identificar objeciones y obstáculos muy importantes que me han permitido ajustar lo que le ofrezco a mis clientes potenciales y lograr cerrar más ventas con algunos de ellos. Esta es la manera más rápida y fácil de conseguir respuestas muy valiosas.

Chat **en vivo:** Tener un chat en vivo en nuestra página es obligatorio, no opcional. Esto aumenta mucho las conversiones y podemos aprovechar la misma tecnología para hablar con nuestros clientes potenciales e intentar comprender cuáles son sus objeciones. Podemos configurar nuestro chat para que se active automáticamente pasados ciertos minutos o inclusive, dependiendo del comportamiento del visitante (si hace o no hace click en algo, si pasa "X" tiempo viendo una página, etc.). Obviamente, este chat debe ser atendido por un ser humano en tiempo real así que alguien deberá estar disponible para hacerlo.

Si está dentro de nuestras posibilidades, es recomendable ofrecer algún tipo de incentivo o beneficio especial a las personas que se tomen unos segundos en respondernos, podría ser un descuento, un pequeño regalo o lo que sea. Es una pequeña manera de agradecerles por su tiempo y por su honestidad; aumentará las probabilidades de que nos quieran responder y al mismo tiempo, es un buen gesto hacia ellos.

10 ELEMENTOS DE FRICCIÓN QUE GENERA TU SITIO WEB Y QUE AFECTAN TUS CONVERSIONES

Le llamamos "fricción" a todo aquello que genera roce, molestia y que obstaculiza o impide que se consiga el resultado deseado. En ocasiones, la fricción viene con el visitante, con su carga emocional y su personalidad, pero hay muchos elementos y factores que son de nuestra responsabilidad y que empeoran la situación, haciendo casi imposible cerrar muchas ventas.

Algunos de los elementos de fricción más comunes en el proceso de conversión *online*, son los siguientes:

1.- Sitio web de apariencia amateur: La primera impresión que tus visitantes se llevarán de tu empresa y de tu producto, muchas veces radica exclusivamente en la apariencia de tu sitio web. Un sitio web mal diseñado, con aspecto aficionado, es un implacable asesino de conversiones. Sobre todo, cuando un cliente potencial nos visita por primera vez y esa es la imagen que le transmitimos. Hay empresas muy exitosas con sitios web terriblemente mal diseñados, pero eso no les afecta demasiado porque ya están muy bien posicionados en el mercado y su público los respeta más allá que por el aspecto de sus sitios web. En nuestro caso, si la gran mayoría de personas que nos visitan por primera vez, no nos conocen y aún no valoran a nuestra empresa o producto, esta primera impresión podría ser destructiva si tenemos un sitio web con apariencia poco profesional. Algunos empresarios y emprendedores intentan ahorrarse el dinero que tendrían que pagarle a un diseñador profesional y luego pasan la vida quejándose porque les va mal.

2.- Jerarquía visual mediocre: Esto es un tema que solo los diseñadores profesionales entienden perfectamente y como pocos emprendedores recurren a diseñadores profesionales para que les trabajen algo tan importante como la jerarquía visual de su sitio web, terminan perdiendo conversiones sin saber la razón. No todos los elementos de una web tienen la misma importancia, hay piezas que son más importantes que otras y esto debe quedar totalmente claro en la manera como están presentados. Debe haber destaque en los elementos importantes para enfocar la atención del usuario donde nosotros queremos, no donde a él le apetezca enfocarse. El diseño no solo debe cuidar la estética, sino también, la funcionalidad. Debemos usar a nuestro favor los colores, formas, tamaños, contrastes, posición, etc. para crear mapas invisibles, resaltar lo que queremos y para conseguir la acción que tanto buscamos.

3.- Navegación confusa: Bien sea por colocar demasiadas opciones o por utilizar tamaños y formas erradas en la barra de navegación. El problema, es la incapacidad de encontrar con facilidad todos los elementos importantes que le permiten al usuario trasladarse hacia otras partes del sitio web y que le ayudarán a tomar una decisión de compra. Es importante que las personas sean capaces de ubicarse fácilmente en tu sitio web, deben saber dónde están, cómo ir a donde quieran y cómo regresar a donde estaban, todo esto, sin necesidad de pulsar los botones del navegador. Mientras más clara, directa y simple sea la navegación, mejor será la experiencia de tu usuario. Debes pensar si son los elementos del menú los que realmente llevarán de la mano a tus visitantes, si son los banners y botones de llamadas a la acción o si más bien, es la barra de búsqueda del sitio web. Esto lo deberás decidir tú, basándote en lo que conoces de tus usuarios y lo que quieres ofrecerles cuando lleguen a tu sitio web.

4.- Carga lenta del sitio web: Aunque factores como la distancia entre servidor y el visitante influyen en la velocidad, debemos hacer todos los ajustes necesarios para que nuestro sitio web cargue lo más rápido posible. Lo mínimamente aceptable, es que el sitio cargue en menos de 4 segundos. Lo perfectamente ideal, es que cargue en menos de 2 segundos. Muchas veces tenemos líneas de código en nuestro sitio web que hacen que todo demore mucho tiempo en cargar o quizá es el peso de las imágenes lo que causa la demora.

5.- Múltiples llamados a la acción conflictivos: La gran mayoría de sitios web peca por no tener llamados a la acción claros, pero algunos de los que sí los tienen, pecan de exceso de llamados a la acción. Hay páginas que al entrar (y sin hacer *scroll*) te encuentras con: "Pide tu presupuesto sin compromiso", "Descarga esta guía ahora", "Visita nuestro catálogo online". Tres llamados a la acción encima del pliegue de la página. Eso genera confusión y una mente confundida siempre dirá "No". Lo ideal es que exista tan solo un llamado a la acción, el más importante para pasar al siguiente paso. Si existe un segundo llamado a la acción, debería ser complemento del primero, o en su defecto, un "plan b", en caso de que las personas no se decanten por el llamado a la acción principal. Antes de decidir cuál será el llamado a la acción principal en tu sitio, asegúrate de primero diseñar tu embudo de marketing y probar diferentes llamados para un mismo resultado que quieras conseguir.

6.- Imágenes de mala calidad: Empezando por el logotipo, pasando luego por los banners y terminando en las fotos representativas del producto o servicio. Si tus imágenes son de mala calidad, toda tu empresa será percibida de mala calidad. Yo he visto tiendas online con fotos hechas por un aficionado, con una cámara barata y un flash que crea destellos y sombras terribles. ¡Luego se quejan y se preguntan que por qué no venden! En esta búsqueda de imágenes de buena calidad podemos estar tentados a buscar fotos de stock en bancos de imágenes, pero hoy en día, hay que tener mucho cuidado con cuáles imágenes de stock utilizar. Más adelante te hablaré sobre cómo usarlas correctamente y cuándo debes evitarlas a toda costa. Sea como sea, nada le ganará al trabajo de un fotógrafo profesional que contrates para que haga las fotos como quieres y el trabajo de un diseñador profesional, que cree los banners y otras imágenes de tu sitio web, siempre traerá mejores resultados (…y olvídate de esos sitios web donde por 5€/$ te crean los gráficos que quieras. Lo barato, ya sabes cómo sale).

7.- Exceso de opciones: La manera más rápida de ahuyentar a un cliente potencial, es agobiándolo con un exceso de alternativas a elegir. Este exceso podría representarse en productos similares con ligeras diferencias entre sí, en contenido informativo, en llamados a la acción, etc. Las personas no quieren pensar porque pensar, es algo que les causa mucho trabajo. Si el visitante tiene que invertir mucha energía mental para poder tomar decisiones dentro de nuestro sitio web, se marchará a otro lugar. Delimita el número de opciones que les des a tus visitantes y asegúrate que esas opciones, poseen un equilibrio entre lo que el usuario más necesita y lo que te conseguirá mayores beneficios.

8.- Carencia de información: Hay detalles muy importantes que debemos darle a conocer a nuestros clientes potenciales y no podemos esperar a que nos contacten para explicárselos. El exceso de información es malo, pero la carencia es peor aún. Piensa en los 4 temperamentos del cliente online que compartí contigo en capítulos anteriores y asegúrate que tienes argumentos suficientes en la web para todos ellos. Detalles del producto o servicio, políticas de compra, envíos y devoluciones, información de contacto, etc., todo debe estar presente para quien lo necesite. No te excedas, pero tampoco dejes nada importante fuera. Te recomiendo que como te enseñaré en capítulos siguientes, hagas pruebas de usuarios y les preguntes qué información haría falta agregar para que ellos se sientan más inclinados a comprarte.

9.- Elementos importantes debajo del pliegue: Lo más influyente en el proceso de compra, debe estar inmediatamente disponible antes del pliegue de la página (antes de tener que bajar o hacer *"scroll"* para ver lo que hay más abajo). Un gran número de personas toma decisiones, conscientes o subconscientes, tan pronto aterrizan en el sitio web. Por esto, es importante que les demos, encima del pliegue, suficientes razones para seguir navegando por nuestra web. En ocasiones, deberás colocar los testimonios encima del pliegue, la garantía (si la ofreces) o cualquier cosa que haga que el visitante piense *"!no me puedo perder esto!"*. Debajo del pliegue y en páginas internas, entrega más argumentos, detalles y pruebas que harán que el usuario se convenza de que lo que le ofreces, es lo que realmente necesita en ese momento.

10.- Proceso de compra complicado y extenso: Hay procesos de compra que parecen una penitencia corporativa, cuya única intención aparente, es castigar al usuario por no haber comprado antes. Si el proceso de compra no se puede completar en menos de 1 minuto y no es capaz de llevarlo a cabo, de inicio a fin, una abuelita de 85 años, entonces tenemos que cambiarlo. En aquellos casos en los que se requiere una considerable cantidad de información por parte del comprador, lo mejor es dividir el proceso por etapas fáciles y breves. Algo que ayuda bastante es crear una especie de mapa o pasos a seguir, para que el visitante sepa cuánto le falta y lo que sucederá después de terminar esa etapa en la que se encuentra.

Estos son algunos de los elementos de fricción más comunes y posiblemente, en este preciso instante estás siendo perjudicado para varios de ellos en tu negocio. Te recomiendo que los tomes en cuenta y los analices según tu negocio, pero no olvides obtener *feedback* directamente de tus visitantes para que puedas descubrir otros.

El objetivo es que tengas la menor cantidad posible de elementos de fricción en tu sitio web y hagas que toda la experiencia de tus visitantes sea lo más agradable e intuitiva posible.

SESGOS COGNITIVOS Y SU EFECTO EN LAS CONVERSIONES

Gran parte del éxito en el marketing radica en la capacidad que tenemos nosotros como emprendedores de conocer, entender y alterar el estado psicológico de nuestros consumidores.

Hay aspectos mentales muy profundos que afectan nuestras conversiones. Los sesgos cognitivos (o prejuicios cognitivos) hacen que percibamos la realidad de una manera diferente a muchas otras personas, generalmente de forma distorsionada, incoherente e ilógica, pero sin darnos cuenta de ello. La influencia social, nuestras motivaciones emocionales e incluso nuestra pereza natural, hacen que tomemos "atajos" mentales, creando una especie de mundo paralelo en nuestra mente.

Como esto no es algo que podamos desconectar fácilmente, sobre todo si no tenemos conciencia de ello, esta realidad paralela que formamos en nuestra mente, afectará absolutamente todas las decisiones que tomemos, y desde luego, las de nuestros clientes.

Existen muchos sesgos cognitivos, pero algunos de los que más nos afectan a la hora de generar conversiones, son los siguientes:

EFECTO ARRASTRE

Es uno de los sesgos más comunes entre los seres humanos, sin importar su raza o procedencia. El pensamiento colectivo (o "comportamiento gregario") es el que hace que actuemos, pensemos y tomemos decisiones basándonos en lo que el resto de las personas hace, piensa o decide.

El ser humano tiene la tendencia a escoger lo que los demás prefieran y por esto es que los testimonios y opiniones en Internet, así como los comentarios en las redes sociales, el número de "me gusta" que tenga una publicación, etc., tienen una influencia tan fuerte en nosotros y en nuestro público. Yo le llamo a esto vivir en "piloto automático", un estado en el que muy pocas personas se detienen a pensar si ellos, como individuos, realmente quieren algo, o si por el contrario, solo lo quieren porque los demás lo tienen.

Mientras más personas usen nuestro producto o servicio y mientras más se lo hagamos saber a potenciales clientes, tendremos más posibilidades de que nos quieran comprar.

Si estamos comenzando y tenemos muy poca prueba social, nos podría perjudicar terriblemente mostrar que aún no tenemos clientes suficientes. ¿Qué piensas de una página de Facebook que tiene solo 58 fans? Probablemente pienses que ni siquiera merece la pena seguirla, porque casi nadie la sigue. Esto no es algo que se haga conscientemente; esto es un proceso totalmente inconsciente. Es como entrar a un bar donde casi no hay nadie; muchas personas preferirán irse a otro que tenga más personas para así disfrutar de un mejor ambiente.

Una de las maneras más efectivas de hacer que las personas deseen lo que les ofrecemos, es mostrarles que muchas otras más personas también lo han deseado y lo están usando.

SUPERIORIDAD ILUSORIA (CONOCIDO COMO EFECTO DUNNING-KRUGER)

Se refleja en comentarios (o pensamientos) por parte de nuestros clientes potenciales, como este: *"…sé que lo que ofreces es bueno, pero mi caso es diferente y no creo que me puedas ayudar a mí"*. Este sesgo causa que muchas personas se sientan especiales, que el mundo entero siempre será inferior a sus necesidades y deseos y que nunca conseguirán nada que les dé la talla. También, se puede dar por la creencia de que su caso es muy diferente al del resto de nuestros clientes (casi nunca lo es) y piensan que, aunque hayamos ayudado a otras personas, no los podremos ayudar a ellos porque su problema no tiene solución.

En el sector de la formación se suele dar frecuentemente este fenómeno con aquellas personas que "creen" que saben algo y que piensan que su nivel es superior al de la formación. Consideran que todo lo que les puedas enseñar es obvio o banal, pero en la práctica, no saben qué hacer y jamás toman acción para implementar lo que ellos creen que saben. Las personas que se dejan llevar por este sesgo suelen ser muy incrédulas en todo sentido y no importa cuántos argumentos les podamos presentar, ellos siempre creerán que su caso es "diferente" y que no pertenecen al montón. Con estas personas, lo mejor es dejarlos que prueben nuestro producto y que luego decidan si eso realmente es para ellos o no.

ANCLAJE

Este sesgo hace que la atención se centre en un elemento específico, ignorando todos los demás. Hay personas que solamente se fijan en el precio, ignorando otros factores. Hay quienes se concentran solamente en los testimonios y opiniones de otros clientes y toman una decisión basada en ellas.

Cuando las personas llegan a nuestro sitio web con una fijación en mente, es difícil sacarlos de ese estado porque lo único que verán, será aquello en lo que están anclados.

Recuerdo el caso de un amigo que quería comprar una cámara DSLR y a él lo único que le interesaba era la cantidad de megapíxeles que debía tener la cámara. Él quería la mayor cantidad posible y terminó comprando una con 20 megapíxeles, pero con un objetivo (o lente) de muy mala calidad y una apertura de diafragma (de entrada de luz) sumamente pobre. Cualquier vendedor podría haberle ayudado a comprar una cámara mucho mejor, aunque tuviese menos megapíxeles, pero él no la iba aceptar. Estaba demasiado anclado al elemento de los megapíxeles.

Los clientes potenciales nos van dando señales de sus anclajes y deberíamos tener preparados los argumentos que los llevarán a, como mínimo, considerar otras características o elementos que los acerquen a tomar una decisión de compra.

AVERSIÓN A LA PÉRDIDA

Aquí hablamos de la manera como las personas interpretan el riesgo. La mayoría, preferiría dejar de obtener un beneficio antes que exponerse a algún riesgo que les haga perder algo. No importa lo bueno que sea el beneficio que van a conseguir, lo único que les importa, es no perder su dinero, su tiempo, su paz mental o lo que sea.

La percepción que las personas tengan del riesgo que representa comprarnos, tiene que ser insignificante cuando lo comparan con el beneficio que les otorgaremos. Si la relación riesgo-beneficio está casi al mismo nivel, no nos comprarán.

Este sesgo también afecta la percepción del valor y el precio. Las personas suelen darle más valor a lo que ya poseen y menos valor a lo que aún no tienen. Un ejemplo de esto es lo que sucede cuando alguien quiere vender su antiguo *smartphone*. El dinero que quieren recibir por él suele ser mayor que el que ellos estarían dispuestos a pagar por un teléfono de segunda mano con exactamente las mismas características y en el mismo estado de uso. Solo por el hecho de que el teléfono les pertenece, consideran que tiene más valor.

Es sumamente importante que seamos capaces de transmitir el valor de nuestro producto o servicio, de tal manera que el valor percibido del mismo sea mucho más alto que su precio de venta. De esta manera, sentirán que están "perdiendo" al no comprarnos.

SESGO DE CONFIRMACIÓN

Este sesgo es terrible, sobre todo para los consumidores de temperamento competitivo y lógico. Las personas llegan a nuestro sitio web cargadas de preconceptos y lo único que buscan, son razones para no comprarnos, en vez de buscar razones para hacerlo. Sus cerebros filtrarán toda aquella información que desmiente sus falsas creencias y rechazarán cualquier cosa que vaya contra lo que ellos han decidido creer. Al mismo tiempo, resaltarán y destacarán cualquier cosa que les pueda confirmar sus temores o recelos, inclusive si no son reales; podrían llegar a malinterpretar de manera selectiva la información que tengamos en nuestro sitio web y la imagen general de nuestra marca para que coincida con lo que ellos creen y temen. Hay poco que podamos hacer para evitar esto, pero podemos sacar a las personas de este plano lógico y analítico desarmándolos emocionalmente a través del factor sorpresa, haciendo algo positivo por ellos que jamás esperarían de nosotros. Una llamada, una carta por correo tradicional, un video-email personalizado, un regalo, etc. Cualquier cosa que no sea normal en el sector donde nos desenvolvemos y que quiebre el patrón mental normal de nuestros clientes. Esto hará que se abran "un poco" para ver las cosas de otra manera.

Cuando somos capaces de reconocer estos sesgos cognitivos, lograremos adelantarnos a ellos y ofrecer pruebas (o caminos alternativos) en la mente de nuestros potenciales clientes, para intentar sacarlos de la irracionalidad que muchas veces les impide tomar el paso de comprarnos. No es una lucha que siempre podamos ganar, pero si logramos eliminar estos prejuicios en un 2% de nuestros visitantes, eso podría traducirse en un interesante incremento en nuestras ventas.

FACTORES EMOCIONALES NEGATIVOS QUE INFLUYEN EN EL PROCESO DE COMPRA

He mencionado en varias oportunidades que debemos apelar a las emociones del comprador. Cuando hacemos que las emociones del cliente potencial se pongan a flor de piel, podremos persuadirlos más fácilmente. Y no me refiero solamente a las emociones primarias como: rabia, tristeza, alegría y miedo, sino que también, las secundarias y todas las subvariaciones de cada una de ellas.

No obstante, hay emociones negativas que nos roban ventas y a continuación te hablaré de 5 emociones negativas que afectan directamente nuestras conversiones. Al final de cada una, te mencionaré el sentimiento o emoción contraria que podríamos generar para eliminar la negativa. Lo bueno es que, en muchos casos, podemos contrarrestar varias emociones negativas con tan solo una acción positiva (la misma en varios casos) y esto hará nuestro trabajo ligeramente más fácil.

Te advierto que no soy psicólogo y todo lo que diré a continuación, está enfocado dentro del contexto del marketing y las conversiones, así que, probablemente diré cosas absurdas si las analizáramos desde la perspectiva de la psicología clínica:

1.- Miedo: Aunque hay varias emociones que influyen de manera negativa en nuestros clientes potenciales, la base de casi todas es el miedo. En internet, esta es la emoción que predomina y muchas de las emociones presentes en el proceso de compra, pueden ser generadas o gobernadas por el miedo. En muchos casos, es simplemente un temor preventivo. En otros, es casi "pánico". Las personas le tienen miedo a lo desconocido, no saben cómo será su experiencia luego de comprarnos o contratarnos, no tienen idea cómo será nuestro trato hacia ellos y esto genera su buen grado de temor. También, como te mencioné anteriormente, le temen a perder: perder su dinero por tomar una mala decisión, perder tiempo con una empresa que no es lo que ellos realmente necesitan, inclusive esforzarse en vano, tanto en la toma de decisiones como en todo lo que implique la compra durante y después de la misma. Y desde luego, le tienen miedo a que las cosas no salgan como esperan, que sus expectativas no sean cumplidas y, por lo tanto, prefieren no arriesgarse. Lo que nosotros queremos transmitir para contrarrestar el miedo es: confianza, seguridad y esperanza. En el próximo capítulo te diré cómo hacerlo.

2.- Culpa: Podría manifestarse de diferentes formas. A veces, podrá ser arrepentimiento (no quieren arrepentirse de haber comprado o contratado algo que no funcionó) también podría ser sentimiento de culpa causado por personas cercanas (*"si compro esto mi mujer me va a armar un lío"*, *"mis amigos se van a reír de mí si me ven con esto"*, etc.) e inclusive, lo que solemos llamar "remordimiento del comprador", que es aquello que sentimos todos en algunas situaciones luego de haber comprado algo que queríamos mucho en ese momento, pero pasadas unas semanas, días, o inclusive, horas, sentimos remordimiento por haber hecho esa compra y pensamos *"no debí haber comprado esto"*, no porque consideremos que no nos guste, sino porque quizá, lo consideramos un gasto innecesario. Lo que queremos generar en nuestros visitantes para contrarrestar esto es: sentimiento de logro y realización, afán de querer mostrar su proeza por haber comprado, orgullo y satisfacción.

3.- Decepción: Cuando un visitante llega a nuestro sitio web, llega con todo un historial de experiencias negativas causadas por otras empresas. Los seres humanos aprendemos de la experiencia y cuando ésta ha sido negativa, somos excesivamente cuidadosos, desconfiados y mucho más exigentes. Las decepciones que haya sufrido nuestro cliente potencial con otras empresas de la competencia (y con empresas de otros sectores) influyen considerablemente en su actitud hacia nosotros. Cuando esas decepciones que nuestros clientes potenciales han sentido fueron causadas por nosotros mismos (queriendo o sin querer) el problema es más serio aún. Debemos reconquistar su confianza y hacerle ver que nosotros también aprendemos de nuestros errores y podemos hacer las cosas mejor si nos dan la oportunidad. La decepción la podemos combatir con: sorpresas (positivas), personalización o cercanía en el trato, empatía y comprensión.

4.- Inseguridad: En este caso, me refiero a la inseguridad que siente el visitante hacia él mismo, no hacia nosotros, sus propias inseguridades personales que afectan su decisión de compra. Es bastante común que las personas piensen: *"no creo que yo lo sepa utilizar"*, *"no sé si le saque provecho"*, *"no creo que me vaya a ayudar" "me va a aburrir"*, etc. etc. etc. A mí me ha pasado en algunas oportunidades que los clientes potenciales de mi academia de formación Keiwebco, me comentan que no tienen dudas sobre la calidad de nuestros cursos, sino que no se sienten capaces de implementar esos conocimientos de la manera correcta. Dicho de otra manera *"el problema no eres tú, soy yo"*. Aunque probablemente no les hemos dado razones para sentirse inseguros, nuestros clientes potenciales no se sienten dignos o preparados para recibir el beneficio que les estamos ofreciendo. Es importante mostrarles que sí es posible, que sí lo pueden lograr, que sí son capaces, porque otras personas como ellos, con las mismas inseguridades, al final lo han conseguido. Queremos contrarrestar esa inseguridad con: motivación, esperanza, estímulo y acompañamiento.

5.- Pereza: La mayoría de las personas, sufre de pereza crónica y esto es algo que no se puede negar ni ocultar. En parte, la culpa es de la propia tecnología actual y del exceso de opciones que tenemos en todos los sentidos de nuestra vida. La pereza no siempre se manifiesta a través de la falta de ganas de levantarse del sofá, de moverse y de hacer lo que haya que hacer. A veces, se manifiesta en cosas tan pequeñas y banales como: introducir los datos en un formulario, leer un párrafo, escribir un email, buscar la tarjeta de crédito en la otra habitación, etc. El desánimo general, la falta de motivación y la abundancia de opciones, hace que sea difícil mover a las personas para que hagan algo. Esto lo podemos contrarrestar con: incentivos, premios, entusiasmo y motivación.

Aunque existen otras, estas son algunas de las emociones negativas más frecuentes que afectan nuestras ventas. Otras como la mezquindad, la confusión, la frustración, el pesimismo, etc. también estarán presentes en la mente de nuestros clientes potenciales, así que, te recomiendo que estés atento a lo que te expresan tus visitantes y busques manera de contrarrestar esas emociones.

CAPÍTULO 7:

Desarrollando factores de confianza y credibilidad

E n el capítulo anterior vimos muchos de los factores psicológicos que frenan a nuestros clientes potenciales a la hora de tomar la decisión de comprarnos. En este, nos concentraremos en cómo reducirlos y cuando sea posible: eliminarlos.

Las personas que llegan a nuestro sitio web cargadas de emociones negativas tienen los mismos deseos y necesidades que aquellos que no las tienen, pero necesitan que les transmitamos mucha más seguridad y tranquilidad. Aunque no podemos hacer el trabajo de sus psicoterapeutas para quitarles los traumas, podemos hacerles el camino más fácil a través de muchos elementos que les ayudarán a relajarse y a ver las cosas de una manera mucho más objetiva.

CÓMO GANARSE LA CONFIANZA DEL PÚBLICO Y TRANSMITIR CREDIBILIDAD

Como en cualquier relación, en el mundo de los negocios la confianza y el respeto no se compran ni se venden: se ganan.

El factor número uno que afecta las conversiones es la falta de confianza, así que, cuando nos ganamos la confianza de nuestro público y logramos que nos crean, tenemos la mayor parte del camino recorrido.

Si me lo permites, te voy a dar el único y mejor consejo que necesitas para ganarte la confianza de tus visitantes y eliminar la mayoría de recelos que ellos puedan tener.

¿Estás preparado? Aquí va:

CREA UNA MARCA, NO UN SITIO WEB.

Ya te he hablado anteriormente sobre la importancia de crear una marca y posicionarla en tu mercado para mejorar tus conversiones, pero conviene recordarlo porque no quiero que cometas el error de muchos otros emprendedores de concentrarse en crear sitios web "atractivos", en vez de concentrarse en crear marcas que se posicionen sólidamente en su mercado.

El trabajo de conversión comienza mucho antes de la llegada del usuario a tu sitio web; te lo comenté en el capítulo tres cuando hablamos de fuentes de tráfico, pero en este caso, no me refiero a la manera cómo los llevarás a tu sitio web, sino a todo lo que harás fuera de él para que cuando tus clientes potenciales te visiten, ya vengan con algo de información y sensación sobre tu marca.

Aunque no me gusta usar ejemplos de empresas grandes cuando hablamos de marketing para pequeñas empresas, en este caso lo haré para ilustrar lo que quiero transmitirte:

En cualquier deporte que cuente con un gran número de seguidores y adeptos, estamos acostumbrados a ver los logotipos de los patrocinadores en las camisetas del equipo, en el suelo y en cualquier cantidad de vallas o pancartas, ¿cierto?

Ahora te pregunto: ¿Crees que las empresas que patrocinan estos equipos están buscando generar una venta cuando el público vea sus logos? Los anunciantes no esperan que las personas cojan sus teléfonos móviles en ese momento y vayan a su sitio web a comprar. Las empresas están pagando una cantidad enorme de dinero por mostrar sus logotipos y no esperan generar conversiones en ese momento.

El objetivo de estas empresas generalmente es el *Branding*: Posicionar la marca en la mente de su público, conseguir que la identifiquen, la reconozcan, la recuerden y la tengan presente cuando llegue el momento de hacer una compra.

LA FAMILIARIDAD GENERA CONFIANZA

En mayor o menor medida, las personas confían en aquello que consideran familiar, sienten más confianza por aquellas empresas que han visto en muchas partes. Si estas empresas tan familiares para todos no dan razones para dejar de confiar en ellas, las personas confiarán cada vez más, a medida que las vayan viendo con mayor frecuencia.

Con esto no quiero decir que lo único que hace falta para ganarse la confianza del público es que nos vean en todas partes, pero volvernos una "cara conocida" reduce gran parte del temor porque eliminamos el factor del miedo a lo desconocido y de esta manera, el público no será tan receloso cuando decidan si somos (u ofrecemos) lo que ellos necesitan.

Debemos recordar que la confianza no se gana de la noche a la mañana ni mucho menos, en el primer contacto con nuestra empresa. Los visitantes más desconfiados (los del temperamento lógico y competitivo) querrán investigarnos a fondo y esto es algo bueno, porque solo querrán hacerlo si hay algo en nosotros que les haya gustado. Si no encontraron nada que les gustase o interesase, nos descartarían de inmediato, así que debemos tomarnos con orgullo y satisfacción el hecho de que quieran investigar a fondo lo que hacemos y cómo los ayudaremos.

Los visitantes menos desconfiados (lo de temperamento impulsivo y empático) igual querrán que les mostremos que somos dignos de su confianza, pero no necesitarán tantas pruebas como los demás.

Para que las personas puedan fijarse en nuestra marca y puedan abrirse a la posibilidad de depositar en nosotros su confianza, debemos ser:

Omnipresentes: queremos estar en todas partes donde nuestros clientes potenciales se reúnan: en las mismas redes, en los mismos grupos, en los mismos eventos, en las mismas revistas, en los mismos blogs, etc., etc., etc. Es importante que nos vean en diferentes momentos y situaciones, a través de diferentes medios de comunicación. Esto nos hará más "reales" para ellos y desde luego, nos ayudará a crear esa familiaridad que buscamos.

Coherentes: la personalidad de nuestra marca debe mantenerse constante en toda nuestra comunicación con el público. Podemos transmitir la imagen de una marca seria, conservadora, rebelde, informal, graciosa, etc. Pero sea lo que sea, debemos mantenernos coherentes en esa imagen que hayamos decidido transmitir. La coherencia es uno de los factores más importantes para despertar confianza.

Diferentes: Vivimos en un mundo en el que ser los mejores, no garantiza que se fijen en nosotros. Debemos conseguir captar la atención de la gente y la mejor manera de conseguirlo, es siendo diferentes al montón. Romper con ciertos patrones establecidos en nuestro sector por otros profesionales o empresas, despierta la curiosidad en las personas y les hace querer saber más. Desde luego, ese factor de diferenciación tiene que aportar algo positivo en nuestro público ideal, pero debemos estar dispuestos a enfadar a unos cuantos para poder enamorar a muchos. Los clientes que respeten el "*status quo*" no se tomarán demasiado bien ese cambio o diferencia en "lo que debe ser", en lo que es "correcto" para ellos, pero hay muchos otros que sí lo tomarán como algo realmente positivo.

La confianza se consigue con el tiempo, así que lo mejor es que empecemos a ganárnosla hoy mismo.

5 ELEMENTOS BÁSICOS PARA DESPERTAR CONFIANZA POR PARTE DEL PÚBLICO

Todo este capítulo se centra en cómo inspirar confianza y hacer que las personas se sientan más cómodas y tranquilas a la hora de decidir comprarnos. Aunque existen mil maneras de ganarse la confianza de las personas y ninguna de ellas nos permite conseguirlo de la noche a la mañana, debemos comenzar por lo más básico, por lo que tenemos a nuestro alcance y tomar acción inmediata.

Poco a poco irás implementando nuevos elementos que despierten la confianza en tu público, pero comienza hoy mismo con estos cinco:

1.- Diseña un sitio web con apariencia profesional: Ya te lo había mencionado en el capítulo anterior cuando te comenté que algunos de los principales elementos de fricción en un sitio web, son a nivel de diseño. Según un estudio realizado por la empresa PACT Labs, junto con el departamento de psicología de la universidad de Sheffield en el Reino Unido, el 94% de las personas encuestadas (94%!!) mencionó que el diseño del sitio web (su apariencia) es la principal causa de desconfianza. Para poder saber la diferencia entre un sitio web con apariencia profesional y otro con aspecto amateur, es importante tener criterio y el criterio se construye comparando. Si comparas tu sitio web con otros sitios de la competencia o inclusive, de otros sectores, ¿El tuyo se ve a la altura de los mejores? Si comparas tu sitio con los mejores de la competencia (y atención: muchas páginas de tu competencia seguro lo están haciendo muy mal, así que, debes tener cuidado con quien te comparas) será que ¿tu sitio juega al mismo nivel que los de ellos? Si el sitio web que tienes actualmente no fue diseñado por un diseñador profesional, no fue desarrollado por un programador profesional y tu sitio web no tiene apariencia de una gran empresa multinacional y multimillonaria, entonces tienes dos opciones: 1) creas un posicionamiento de marca tan sólido en tu sector que el diseño de tu sitio web se vuelva irrelevante; 2) inviertes en rediseñar el sitio web que tienes actualmente para ponerlo a la altura de las mejores que existan en el mercado. Crear un sitio web de aspecto profesional no cuesta docenas de miles de euros/dólares. Dependiendo del tipo de sitio web que tengas, en ocasiones, por menos de 1.500€/US$ podrías contratar un sitio web muy profesional. Invierte en tu apariencia porque la gente le da mucha importancia a esto, sobre todo en los días que corren.

2.- Crea vídeos donde las personas te vean hablando: No importa si eres un profesional independiente o si tienes un gran equipo de personas trabajando para ti, es importante que alguien dé la cara para humanizar a la empresa. El vídeo es una excelente forma de transmitir lo que somos y cuando nuestros visitantes pueden ver nuestra expresión corporal, nuestro tono de voz, lo que transmite nuestra mirada, entre otros factores, confiarán un poco más en nosotros. Hay emprendedores que se sienten incómodos hablando delante de la cámara, pero eso se cura con la práctica. Lo importante es practicar tanto que se vuelva natural, hasta que comiences a hablar delante de la cámara como si le estás hablando a un amigo. La ventaja de grabar vídeos es que puedes equivocarte todas las veces que quieras y regrabar tantas tomas sean necesarias, hasta que quede como tú quieres. Un pequeño vídeo de un minuto de duración es suficiente para que las personas vean que hay un ser humano detrás de esa empresa y les inspirará más confianza. Desde luego, cuida tu apariencia y tu lenguaje para que se adapte al tipo de público que quieres alcanzar y para que se adapte a lo que ellos esperan de un profesional o empresa de tu sector.

3.- Utiliza fotos propias y/o de tu equipo: Dependiendo del tipo de sitio web que tengas y de tu modelo de negocio, podrás colocar tus fotos y/o las de tu equipo, en tu página de inicio, en la página de "sobre nosotros" o en cualquier otra que sepas que tus visitantes visitan cuanto están investigando y analizando si sería buena idea comprarte o contratarte. He visto sitios web de algunos de mis clientes que por temor (o cualquier otra razón) no usan fotos propias, sino que usan fotos de bancos de imágenes. Este tipo de fotos tiene su momento y su lugar, pero son muy perjudiciales cuando lo que queremos es ganarnos la confianza de nuestro público. Invierte en unas buenas fotos propias que puedas utilizar durante los próximos 2 o 3 años.

4.- Haz que la prueba social hable por ti: El uso de testimonios de clientes, estudios de caso, referencias y comentarios de otras empresas o medios de comunicación que hayan hablado de nosotros, inclusive la interacción y conexión que tienen nuestros seguidores en las redes sociales con nuestra empresa les ayuda a nuestros clientes potenciales a sentirse interesados por nosotros. Lo primero que solemos hacer cuando conocemos a alguien que nos interesa de alguna manera, es preguntarles a nuestros amigos o conocidos en común, si nos pueden comentar o dar alguna referencia sobre esa persona. Lo mismo hace nuestro público objetivo en Internet con nuestra empresa. Debemos construir una reputación y hacer que ella hable por nosotros. Al inicio, será un poco lento y difícil, así que, debemos comenzar cuanto antes a crear oportunidades que nos servirán para construir nuestra reputación online y recolectar algo de prueba social.

5.- Utiliza sellos de seguridad que generan confianza: Aunque generalmente los sellos de seguridad se asocian a las tiendas online, podemos usarlos en cualquier negocio. Me refiero a aquellos sellos que certifican de alguna forma que nuestro sitio es seguro, que las transacciones son seguras o que nuestra empresa está acreditada o verificada por un organismo externo. Los sellos por sí solos no harán gran cosa en el proceso de generación de confianza con tu público, pero son un complemento adicional que nos ayuda a establecer nuestra credibilidad. Si tienes un gran amigo, en el que confías mucho y él decide aprender a pilotar aviones y te invita a que vayas con él, muy probablemente querrás que él te demuestre que tiene las acreditaciones necesarias para no estrellarte contra una montaña. De una manera similar, los sellos de seguridad le ofrecen tranquilidad mental al visitante y le eliminan ciertos temores que sienten cuando están a punto de decidirse por algo que han encontrado en Internet.

Obviamente, estos cinco elementos básicos tienen muchas subdivisiones y ramificaciones, pero son un buen comienzo. Sé profesional, sé transparente, haz que los demás aboguen por ti y haz sentir seguros a tus visitantes. Esto será un gran triunfo conseguido.

SELLOS DE SEGURIDAD Y CONFIANZA QUE AUMENTAN LAS CONVERSIONES

Quisiera expandirme un poco más sobre el tema del uso de sellos de seguridad, porque considero que es importante que se implementen en cualquier negocio. Existen diferentes sellos para diferentes propósitos, pero en la base todos buscan lo mismo: Crear confianza, hacer que nuestros visitantes confíen en nosotros.

Los diferentes sellos podrían dividirse según su uso o intención en estas categorías:

Sellos de Seguridad: Son aquellos que le dicen al visitante que hemos tomado las precauciones de seguridad necesarias para que su experiencia y sus datos estén seguros en nuestro sitio. Protégenos contra ciberataques es importante, pero es igual de importante decirles a nuestros usuarios que lo estamos haciendo. Aquello que no se cuenta, es como que si no existiese. Debemos mostrarles a nuestros visitantes los sellos de las empresas de seguridad con las que trabajamos. Por ejemplo, los sellos de Norton y Mcafee suelen tener mejor aceptación y mejor percepción de seguridad por parte del público, básicamente porque son las mismas empresas que crearon los programas antivirus que muchas personas usan, usaron o simplemente reconocen. Existen otras empresas que ofrecen el servicio de servidor seguro o SSL/TLS, entre ellos: Comodo, Norton, Geotrust, Thawte, etc. Aunque algunos de esos sellos son bastante costosos, existen alternativas para pequeños empresarios que no dispongan de presupuestos muy elevados. En el área de recursos de este libro www.alexkei.com/recursos-cro encontrarás enlaces a varios de ellos. Si puedes permitirte adquirir estos sellos, hazlo. Complacerá sobre todo a los clientes de temperamento lógico y competitivo.

Sellos de Veracidad: Son aquellos que confirman que la empresa existe y está registrada en algún organismo mercantil. Aunque esto no asegura en lo absoluto que el trato que recibirán los clientes por parte de la empresa será correcto (porque estar registrada no garantiza en lo absoluto su ética o profesionalidad) le dan cierta confianza al visitante. Averigua en el país donde te encuentres si existen estos organismos que puedan certificar o dar pruebas de que la empresa o profesional están registrados públicamente. En el caso de que seas autónomo o trabajador por cuenta propia, analiza si es realmente necesario en tu sector mostrar algún tipo de credenciales personales. En algunos sectores y en ciertas profesiones (abogados, psicólogos, etc.) es sumamente importante probar que están registrados en la entidad reguladora profesional (por ejemplo, en el colegio de abogados). En otros sectores, es totalmente irrelevante; a nadie le va a importar si la persona que hace las uñas de acrílico en el centro de estética está registrada en la *International Acrylic Nails Association* (sin intención de menospreciar la profesión en lo más mínimo, pero no son relevantes las credenciales en este y muchos otros casos). Cualquier sello que ayude a tus visitantes a sentir o percibir que realmente existes y que no eres una entidad fantasma, úsalo. Sobre todo, considera esto si el valor que tienen que pagar tus clientes potenciales para adquirir lo que ofreces, es elevado o si se trata de un producto/servicio con elevados riesgos.

Sellos de Familiaridad: Son aquellos sellos que únicamente sirven para dar una sensación confianza, apalancada por la reputación y trayectoria de otras empresas. Las personas suelen sentirse más tranquilas y a gusto con aquello con lo que están familiarizadas. Posiblemente hayas sido invitado a una reunión social donde no conoces a nadie, pero a lo lejos, ves a aquella persona que no te cae demasiado bien, pero es la única a la que conoces, y decides pasarte casi toda la reunión con ella (porque es la única cara familiar del lugar). La familiaridad es importante y en Internet, nos podemos apalancar del uso de las imágenes o logos de empresas conocidas con las que trabajamos. Usar los logos de tarjetas de crédito que aceptamos (Visa y MasterCard), el logo de un banco muy popular con el que trabajamos, el logo de PayPal (en caso de que lo utilices), logos de las empresas de transporte y envíos más conocidas que utilicemos, logos de los medios de comunicación donde nos han entrevistado, etc., les dará cierta paz mental de tipo "placebo" a nuestros visitantes.

Como te he mencionado anteriormente, el uso de sellos no te garantiza que aumentarás tus conversiones, pero te ayudarán a ganarte algo más de confianza de tus visitantes, así que, si lo consideras conveniente, siempre que puedas, utilízalos.

USANDO OPINIONES Y TESTIMONIOS COMO PRUEBA SOCIAL

Vivimos en un mundo en el que las personas creen, confían y toman decisiones basándose en la opinión de otras personas que no conocen, de las que no se sabe nada sobre su personalidad, su pasado o estabilidad emocional.

Cuando leemos en internet la opinión de alguien sobre un producto, no sabemos si esa persona es negativa, positiva, amargada, feliz, con tendencias suicidas o un buen samaritano. Aun así, confiamos plenamente en su palabra (curioso, ¿no?)

Lo que opinen nuestros clientes de nuestro producto o servicio, tiene un efecto sumamente fuerte en la mente de otros potenciales clientes. Inclusive, lo que opinen los clientes de empresas de la competencia, también influye en lo que nuestros clientes potenciales podrían pensar sobre nosotros. Cuando una (o varias) empresas de la competencia decepcionan a sus clientes, todas las demás empresas de ese sector serán juzgadas y cuestionadas por los errores de las demás. Estoy seguro de que, si tienes un coche, tienes muchos recelos de llevarlo a un mecánico que no conozcas porque, digamos que, muchos mecánicos tienen la mala fama de querer convencerte de que tienes que cambiar el motor entero, cuando lo único que tenías que reparar, era un agujero en la rueda.

Sabiendo esto, debemos aceptar que las opiniones y testimonios de las personas influyen en nuestras conversiones y en ocasiones, no podemos controlarlas, cambiarlas o impedir que nos hagan perder ventas.

Estamos ante una situación bastante complicada porque (para empeorar las cosas) muchas personas creen que las opiniones positivas suelen ser inventadas y que las negativas son las únicas a las que se les debe creer. Es cierto que es muy fácil falsificar una opinión positiva, pero es igual de fácil que las empresas de la competencia falsifiquen opiniones negativas sobre nosotros.

Es importante recordar que los testimonios no apelan a todo tipo de clientes. Los visitantes de temperamento lógico y competitivo seguramente desconfiarán de ellos y solo querrán leer los negativos porque ellos lo que buscan, son razones para no comprar. Pero los visitantes de temperamento humanista querrán leer las buenas y las malas, mientras que los de temperamento impulsivo no quieren leer nada, sino que, se dejan llevar por su impulsividad (para bien o para mal) y toman una decisión por ellos mismos.

La reputación es algo que se construye poco a poco y debemos empezar, desde el primer día a recolectar opiniones positivas de nuestros clientes.

Debemos, proactivamente, pedirles testimonios a nuestros clientes. No todos nos lo darán, de hecho, la gran mayoría no lo hará, pero no porque sean malas personas, sino porque tienen otras cosas más importantes en qué pensar, así que, de vez en cuando, es conveniente ofrecer algún tipo de incentivo a cambio de la opinión (un descuento, un regalo, etc.). Esto aumentará las probabilidades de que nos las den. Desde luego, no intentes "comprar" el testimonio positivo de tus clientes; simplemente dales un pequeño incentivo o regalo de agradecimiento por haberse tomado unos minutos en darte su opinión.

En vez de decirle a tus clientes *"¿me darías tu testimonio?"*, más bien pregúntales: *"¿De qué forma te ha ayudado nuestro producto/trato/servicio y cómo podríamos mejorarlo?"*. De esta manera, no solo les estamos pidiendo un testimonio, sino que también, les estamos solicitando retroalimentación para poder satisfacerlos mejor. Esto lo percibirán como un deseo sincero de darles un mejor servicio y seguramente estarán más abiertos a decirnos lo que les gustó de nosotros y nos darán ideas sobre áreas donde podríamos mejorar.

Luego, les podemos preguntar: *"¿Me darías autorización para compartir tu opinión con mis potenciales clientes?"*. Y así: ¡Presto! ¡Tenemos un testimonio para publicar y sugerencias para mejorar!

Las opiniones las podríamos solicitar por escrito, por teléfono, en persona o por vídeo.

A continuación, te daré algunas recomendaciones para que uses esos testimonios de manera efectiva en tu sitio web:

No publiques comentarios "demasiado" buenos: Aunque sean verdaderos, la mayoría de clientes potenciales no le creen a lo que parece demasiado bueno para ser verdad. Hay auténticos fans de nuestra marca que pueden llegar a ser bastante efusivos a la hora de expresar su opinión, pero no nos conviene publicar esos comentarios, porque pueden interpretarse como falsos. Algunos de nuestros clientes podrían ser muy honestos a la hora de expresar su agrado hacia nosotros y debemos agradecérselo, pero mejor no publicar este tipo de testimonios para evitar el efecto contrario: generar desconfianza.

Consigue comentarios en medios "neutrales": conseguir que nuestros clientes quieran publicar sus opiniones en páginas de terceros (como, por ejemplo: Facebook, Amazon, Twitter, etc.) nos ayuda a transmitir un poco más de confianza, porque otros clientes potenciales verán que personas reales, en páginas que nosotros no controlamos, han hablado bien sobre nosotros. Sí, es cierto que hay personas que pensarán que esos perfiles en las redes podrían ser falsos, pero el escéptico siempre lo será; debemos igual conseguirlos para los de temperamento humanista.

Utiliza una mezcla de comentarios en varios formatos: Nos conviene tener comentarios en texto, otras veces en vídeo e inclusive, en audio. Hay clientes potenciales que le creen más a una persona cuando le ven la cara en un vídeo. Hay otros que prefieren leer una opinión y no le creen mucho a los vídeo-testimonios, sobre todo si la persona que habla delante de la cámara se ve demasiado "desenvuelta" o, por el contrario, incómoda. Debemos apelar a las diferentes personalidades de nuestros visitantes y tener variedad de formatos en las opiniones.

Publica opiniones con críticas constructivas: Aquellos comentarios que demuestran que el cliente ha quedado satisfecho, pero que aporta alguna crítica sobre algo que podría mejorarse, suelen tener mucha más credibilidad. Por ejemplo: *"Me ha fascinado el trabajo fotográfico que hizo Juan en nuestra boda! Me hubiese gustado poder tener también las fotos originales, aunque no hayan quedado tan buenas como las que nos entregó, pero para poder conservar un recuerdo más natural y espontáneo de ese día"*. Si además, este tipo de comentarios los conseguimos en medios neutrales, como por ejemplo, en nuestra página de Facebook y podemos responder a esas críticas con un agradecimiento y una promesa de que tomaremos esa sugerencia en cuenta, nos ganaremos a muchísimas personas.

Usa únicamente los testimonios que sean específicos: aquellas opiniones demasiado neutrales o ambiguas como: *"me ha encantado. Lo recomiendo a todos"* no nos sirven. Lo ideal es que describan características específicas de nuestro producto y mencionen cómo esas características han hecho efectivo o placentero haberlo comprado y usado: *"Me ha encantado el trato tan delicado del Dr. González. Mi nueva muela ha quedado mejor que la original. ¡Lo recomiendo a todos!"*. Para no obtener respuestas ambiguas, es importante que cuando solicitemos la opinión de nuestros clientes, no les hagamos preguntas ambiguas como *"¿Qué te ha parecido?"*, sino preguntar sobre elementos específicos de la compra o del uso del producto. Mientras más específicas sean nuestras preguntas, más específicas serán las respuestas que conseguiremos.

Aprovecha los testimonios que quiebren objeciones: Si utilizamos algunos de los testimonios para eliminar ciertos recelos que puedan tener nuestros clientes potenciales, ganaremos puntos adicionales. Identifica las objeciones más comunes que suelen tener tus clientes potenciales y descubre cuáles de tus clientes actuales solían tenerlos antes de comprarte. De esta manera, ellos podrás usar testimonios como: "Antes de contratar a Pedro, pensé que no me iba a poder ayudar a aumentar mi masa muscular porque mi metabolismo es muy lento, pero me arriesgué y me alegro de haberlo hecho, porque Pedro me creó un plan en el que pude aumentar un 30% mi masa muscular en menos de 2 meses". (Aclaratoria: no tengo ni idea de masas musculares ni metabolismos; esto es tan solo un ejemplo). Este tipo de testimonios irán llegando con alguna lentitud (a menos que proactivamente se los pidas a todos los clientes que lograste convencer luego de atender sus objeciones) pero serán sumamente efectivos para convertir a los más desconfiados.

Gira los comentarios negativos a tu favor: De vez en cuando, recibiremos críticas y comentarios negativos. Esto es inevitable y forma parte de absolutamente todos los negocios. Sin embargo, no es algo completamente malo porque podríamos usarlos para mostrar que estamos comprometidos a mejorar y que somos proactivos a la hora de arreglar cualquier daño que hayamos causado. También, podemos usarlos para resaltar ciertas cualidades de nuestra empresa o producto e inclusive, si tienes el valor suficiente, podrías usarlos como parte de tu propuesta de valor. Por ejemplo, supongamos que ofreces un servicio de comida casera a domicilio y algunos de tus clientes se han quejado de que las entregas demoran más de una hora. Si tienes el valor suficiente, podrías incluir esto en una propuesta: *"Algunos de nuestros clientes opinan que no somos los más rápidos, pero nuestra comida casera está tan rica, que sentirás que ha sido tu madre quien la cocinó"*. Esto podrá tener sus matices y deberás analizar según tu caso particular, de qué manera podrías usar comentarios negativos a tu favor.

No olvides: Pídeles la opinión a todos tus clientes e incentívalos de alguna manera para que te la den. Muchos de ellos no lo harán, pero poco a poco irás consiguiendo las que necesitas para ofrecerle algo de prueba social a tus futuros clientes.

CÓMO USAR ESTUDIOS DE CASO PARA CONVERTIR MÁS CLIENTES

Los estudios de caso (o casos de estudio) suelen funcionar muy bien en algunos sectores donde los resultados que se buscan son importantes y cuantificables. Los estudios de caso, generalmente, se componen de un "Antes" y un "Después". Lo que se quiere mostrar es cómo la vida del cliente mejoró luego de utilizar nuestro producto.

El uso de estudios de caso se suele ver mucho en el sector de la estética. Bien sea en productos para bajar de peso, centros de belleza, inclusive odontólogos, todos utilizan estudios de caso para vender tratamientos a sus pacientes. Pero no hace falta estar en ese sector para aprovecharlos; la gran mayoría de empresas puede usarlos, así que, considéralos para la tuya.

Los estudios de casos no son más que historias con un final feliz. A las personas les encanta escuchar este tipo de historias, sobre todo, si pueden sentirse identificados con el caso. Cuando has ayudado a otras personas como ellos y les has ayudado a conseguir el resultado que tus clientes potenciales buscan, su empatía natural les dará esperanza y te verán como una posible solución a sus problemas, deseos o necesidades.

La historia debe componerse de varias partes:

1.- Cómo era la vida del cliente antes de usar nuestro producto: qué problemas/dificultades/frustraciones tenía, qué le faltaba en su vida, cómo hacían que no pudiera alcanzar sus metas o sueños, etc. En esta primera parte, nos concentramos en el dolor y el sufrimiento. No hace falta que seamos melodramáticos, pero debemos asegurarnos de que el problema queda muy claro;

2.- Qué le llevó a elegirnos a nosotros para solucionar esos problemas: Los estudios de caso los construimos con la colaboración del propio cliente. A través de una entrevista, podremos saber detalles que antes desconocíamos e incluirlos en la construcción de esta historia. Así que, no temas en hablar con tus mejores clientes, aquellos que han obtenido los mejores resultados y pregúntales qué vieron en tu empresa que les hizo decidirse por ella en vez de por las demás;

3.- Qué hicimos nosotros para ayudarle: En esta parte, describiremos algunas de nuestras maneras de trabajar, explicando a groso modo, cómo fue la metodología para ayudarle. La idea es que los que vean el estudio de caso, se pongan en los zapatos del cliente del estudio y logren visualizar algunos de nuestros procedimientos, para que se los imaginen siendo implementados en sus propios casos.

4.- Cuáles fueron los resultados que les conseguimos: Este es el final feliz que todos esperan encontrar en cualquier historia, así que, debemos contarles cómo se transformó su vida luego de contratarnos. Siempre que se pueda, usaremos números, datos estadísticos, opiniones de los clientes de nuestro cliente o cualquier otro tipo de prueba palpable que nuestros visitantes puedan ver y que los lleve a desear que los ayudemos.

Un estudio de caso puede estar compuesto únicamente por texto o con una mezcla de texto e imágenes, pero los estudios de casos multimedia que incluyen animaciones, vídeos, etc., suelen ser más entretenidos y amenos de ver.

Tú deberás decidir según tu sector, qué es lo más conveniente. El objetivo es transmitir la idea de que *"hemos ayudado a otras personas como tú, que tenían los mismos problemas que tú tienes ahora y gracias a esa ayuda que les brindamos, ya no los tienen y ahora sus vidas son mejores".*

Es importante tener algo de cuidado para evitar que el estudio de caso sea un derroche de egolatría sobre lo maravillosa y fantástica que es nuestra empresa. El centro de atención debe estar en el cliente del estudio y en sus resultados obtenidos.

MÉTODOS DE *RISK REVERSAL* (REDUCCIÓN DEL RIESGO)

Como en cualquier relación, siempre existe un grado de riesgo que el cliente debe asumir para conseguir lo que quiere cuando decide trabajar con una empresa. Generalmente ambas partes, empresa y cliente, están asumiendo un riesgo, pero seamos honestos: cuando nosotros le estamos vendiendo algo a las personas y ellas nos están dando su dinero a cambio de ello, la mayor parte del riesgo percibido está del lado de ellos, no del nuestro. Siempre será más "peligroso" para el cliente comprarnos, que para nosotros darle lo que necesita.

Dejando de lado las excepciones en las que la empresa asume el mayor riesgo al trabajar y entregar algo y que luego el cliente no pague (o cualquier otro problema que los clientes suelen causar) el único riesgo que realmente importa aquí es el que asume el cliente. Cuando en su cerebro, ese riesgo es latente y nosotros no hacemos nada para eliminarlo o reducirlo, nuestro cliente potencial sentirá que esta transacción, además de peligrosa, es injusta.

A continuación, te diré 3 maneras de reducir el riesgo (el real y el percibido) por parte de tus clientes potenciales. No son las únicas maneras que existen, pero sin duda, cualquiera de ellas te ayudará a conseguir muchas más ventas:

1.- Dales muestras/pruebas gratis: Dependiendo de tu modelo de negocio, permíteles probar de alguna manera el producto, servicio o el trato con tu empresa. Si vendes productos tangibles y no eres quien los fabrica, deberás trabajar en conjunto con el fabricante. No siempre es posible, pero intenta conseguir muestras gratuitas de tus productos para que tus clientes potenciales puedan probar antes de comprar. Evidentemente esto no se puede hacer con muchos productos (no puedes ofrecer una muestra gratis de una lavadora ni de un billete de avión) pero en ocasiones, la muestra gratis no es del producto en sí, sino de tu servicio. Piensa en alguna manera de darles un "abreboca" del trato con tu empresa. Si vendes servicios, dales una muestra de tus conocimientos, habilidades y experiencia para que se sientan más tranquilos. En ocasiones, una conversación con tus clientes es suficiente para reducirles el riesgo percibido. Al sugerirles tu perspectiva profesional, opinión sincera y demostrarles que únicamente les ofrecerás lo que ellos realmente necesitan, entonces sabrán que tienes *"know-how"* y deseo sincero de ayudarles.

2.- Ofréceles garantías: Las garantías podrían subdividirse en varios tipos: a) Las garantías de devolución del dinero, donde el cliente recibe un reintegro de lo que pagó si algo no sale como se esperaba; b) Las garantías de cambios en las que se le asegura al cliente que puede cambiar algo por otra cosa similar o alternativa si no se siente satisfecho con lo que inicialmente había comprado; c) garantías de resultados obtenidos, donde lo que se le ofrece al cliente, es la seguridad de que conseguirá lo que busca o la empresa seguirá trabajando hasta que se consiga el resultado deseado. Las garantías funcionan en cierto tipo de productos o servicios, en cierto tipo de mercados y culturas, pero no en todos y tú deberás analizar si en tu caso te conviene ofrecerlas o no.

3.- Sugiéreles comenzar con lo más barato: esto se aplica especialmente a los prestadores de servicios. Si el precio del servicio es alto, el riesgo para el cliente es más elevado. Mientras más elevado sea el riesgo, más fricción encontraremos a la hora de conseguir que nos compren. Una manera de darle la vuelta a esta situación es ganarnos a los nuevos clientes con productos de bajo coste, haciendo que el riesgo por su parte sea muy bajo y en ese proceso, ganarnos su confianza y demostrarles que somos buenos y serios en lo que hacemos, para que luego tengan la tranquilidad y confianza de pagarnos mucho más. Hay tiendas virtuales que ofrecen productos que llamamos "autoliquidadores" en los que la tienda no obtiene absolutamente ningún beneficio económico (inclusive, a veces tiene pérdidas) pero los ofrecen para que el cliente compre y vean lo bueno, rápido y atento que es el servicio de la tienda.

Siempre que puedas, pregúntale a tus potenciales clientes cuáles riesgos suelen generarles mayor temor. Es una pregunta difícil de hacer (sobre todo en el contexto errado), pero si con el pasar del tiempo vas recolectando razones que les impiden a las personas comprarte y que les hace percibir un mayor riesgo del que realmente existe, encontrarás nuevas maneras para reducirlos y eliminarlos.

LA INFLUENCIA DE LAS POLÍTICAS DE VENTA EN EL PROCESO DE CONVERSIÓN

Quiero cerrar este capítulo hablando de un tema que suele ser polémico, incómodo y generalmente causa conflictos éticos y morales.

Las políticas de venta tienen un papel que va más allá del plano "político". Desde luego, debemos publicarlas para informarle a nuestros potenciales clientes de nuestras condiciones y lo que conlleva trabajar con nosotros, pero también, las podemos usar para atraer y para ahuyentar, según sea el caso.

Todas las personas quieren conocer las condiciones de una transacción, no quieren que nada les tome por sorpresa, pero sabemos que son pocos los que se toman el tiempo de leerlas y cuando las cosas no salen como se las esperaban, le echan la culpa a "la letra pequeña".

No importa quien tenga la culpa realmente; no importa si el cliente, por pereza o por prisa, no quiso leer las condiciones, pero debemos evitar las sorpresas desagradables siempre que podamos.

Es importante que nuestras políticas estén visibles en diferentes partes de nuestro sitio web, debemos darles a nuestros clientes potenciales más de una oportunidad de conocerlas, sobre todo, si ellas nos ahorrarán dolores de cabeza a nosotros y disgustos a ellos.

El cliente querrá conocer nuestra **política de privacidad** (lo que haremos con sus datos), nuestra **política de devoluciones** (en caso de que la ofrezcamos), nuestra **política de envíos** (cuanto tiempo tardará en llegar el pedido y cuánto se tendrá que pagar por ese envío) y nuestra **política de atención al cliente** (cuándo y cómo podrán contactarte y en cuánto tiempo recibirán una respuesta).

Como ya sabemos que la mayoría de las personas son muy perezosas y no leerán nuestras largas y detalladas páginas de políticas de venta, debemos crear atajos y destacar los aspectos más importantes en nuestra página de aterrizaje.

En las tiendas virtuales, es absolutamente recomendable que encima del pliegue de la página, estén los plazos y precios de envío, el contacto de atención al cliente, los horarios y cualquier detalle sobre devoluciones o cambios que convenga comentarle a nuestros clientes. A veces, por una cuestión de diseño decidimos no colocarlas arriba encima del pliegue, pero lo que realmente importa, es que sean visibles en varios lugares del sitio web.

En el caso de páginas de servicios, las formas de contacto y el horario de atención podría considerarse una de las cosas más importantes a destacar. Una descripción de la manera como trabajamos y el orden en el que sucederán las cosas luego de contratarnos, también es muy útil para dar mayor tranquilidad a nuestros clientes potenciales.

En ocasiones, nuestra propuesta única de ventas podría comunicarse como parte de nuestras políticas: si tu factor de diferenciación es la rapidez de entrega, destácalo en tu página como parte de tus políticas. Hazlo con cualquiera que sea tu factor de diferenciación.

Ahora: ¿Qué sucede cuando nuestras políticas no son muy convenientes para el usuario? Nadie es perfecto, ningún negocio lo es y posiblemente tengamos algunas debilidades o limitaciones que generen fricción con nuestros clientes potenciales.

Queda completamente descartado omitir detalles que perjudiquen al usuario y nos beneficien a nosotros, pero desde luego, tampoco conviene destacarlos en nuestra página de aterrizaje. Esto es un tema que cada persona deberá pensar, juzgar y aplicar según sus propios principios y valores.

Cuando estamos en la posición de clientes, no nos gusta que nos oculten nada, nos gusta que nos digan todo claramente, pero como empresarios o profesionales: ¿Nos conviene destacar nuestras debilidades, defectos y limitaciones tan abiertamente? Como se suele decir: *"...el que esté libre de pecado, que lance la primera piedra"*.

Un ejemplo que por su naturaleza puede ser algo radical, es el caso de los medicamentos. La ley en muchos países exige que se diga, alto y claro, cuáles son los peligros para la salud del paciente al consumirlos. Hay medicamentos que en las condiciones dicen: *"... podría generar asfixia, insuficiencia cardíaca, pérdida parcial o total de la memoria, daños en el riñón y en algunos casos, la muerte del paciente"*.

Obviamente, cuando se trata de la salud e integridad de una persona, no se puede disfrazar ni ocultar cualquier cosa que los ponga en peligro, pero con muchos otros productos y servicios, se debe encontrar un equilibrio entre: *"Yo te lo advertí"* y *"...no era absolutamente necesario decírtelo"*. Debe existir un equilibrio entre la transparencia (con el cliente) y la conveniencia (para nosotros).

Asegúrate que tus virtudes sean superiores a tus defectos y haz que todo lo bueno que tienes y haces, compense en gran medida lo malo que puedas tener (nadie es perfecto).

Destaca en tus políticas los mayores beneficios que recibirá el cliente y asegúrate que de verdad los recibe. Por otro lado, si lo consideras correcto, utiliza un lenguaje moderadamente abstracto para comunicar ciertos inconvenientes para el usuario y haz todo lo que esté en tus manos para que no les cause mayores inconvenientes a tus clientes (posiblemente tu empresa de limpiezas domésticas dispone de personal muy cualificado, pero sabes que algunos de ellos, son un poco perezosillos y no siempre limpian todo a fondo. Quizá no hace falta mencionar esto en las políticas).

Otro abordaje sería lo que te comenté más arriba sobre girar comentarios negativos a tu favor. Podrías hacer lo mismo con las políticas inconvenientes y asumirlas como parte de tu propuesta. Por ejemplo, si tienes un *food truck* de hamburguesas de aquellas muy ricas pero muy calóricas, podrías decir: *"Nuestras hamburguesas tienen demasiadas calorías, contienen ingredientes que dispararán tu colesterol y posiblemente se te obstruyan todas las arterias, pero probablemente, sean las hamburguesas más ricas que comerás en tu vida".*

Ningún negocio, ningún profesional, ningún producto es perfecto. Todos tenemos políticas que no les gustarán a nuestros clientes. Por esto, debemos contrarrestarlas con beneficios y políticas que sean muy convenientes para ellos y debemos destacarlas en nuestro sitio web.

CAPÍTULO 8:

Usabilidad y experiencia del usuario

H aremos un primer abordaje al tema de Usabilidad en este capítulo. Quizá no le encuentres mucho valor si aún no has estudiado los demás, así que, te recomendaría que solo comiences a leer este luego de haber leído los 7 capítulos anteriores.

En el mundillo de diseñadores web, programadores, SEOs y otros profesionales de perfil técnico, cuando se les dice que es necesario aumentar las conversiones, generalmente, en lo único que piensan es en mejorar la usabilidad del sitio web. Eso está bien (hasta cierto punto) pero debe mezclarse con muchos elementos psicológicos, como te he mencionado anteriormente.

Para poder crear un sitio web amigable a los usuarios, tenemos que entender cómo las personas navegan las páginas de Internet. Muchas veces, la idea que nosotros tenemos sobre el comportamiento del usuario en nuestro sitio difiere bastante de la realidad. Por esto es importante que, por un lado, definamos ciertas conductas que son comunes en la mayoría de las personas hoy en día, y por el otro, monitoricemos a nuestros visitantes a través de herramientas de mapas visuales y grabación de sesiones. En el área de recursos del libro www.alexkei.com/recursos-cro encontrarás algunas.

Comencemos por tener en cuenta algunos hechos irrefutables sobre el comportamiento de las personas cuando visitan sitios web. Algunos de ellos son:

Las personas no leen; escanean con los ojos: yo lo hago, tú lo haces, todos lo hacemos. Aunque esto suene "obvio", muchos emprendedores lo olvidan cuando crean su sitio web. Piensan que los visitantes leerán absolutamente todo lo que han escrito, verán todos los vídeos hasta el último segundo y harán click en todos los enlaces. Esto no sucede, jamás. Hay que tener esto muy en cuenta a la hora de definir los titulares, subtítulos, viñetas y los elementos de diseño que captarán la vista del usuario cuando estén "escaneando" con sus ojos nuestro sitio web.

Las personas llegan distraídas a la web: Disponemos de pocos segundos para captar y retener la atención de nuestros visitantes, antes de que cualquier otra cosa nos la robe. De hecho, cuando alguien llega a nuestro sitio web, somos nosotros los que estamos causando una distracción en lo que sea que el visitante haya estado haciendo antes llegar a nuestra página. Nadie (o casi nadie) llega a nuestra web con una ventana limpia del navegador, sin tener otras páginas abiertas en simultáneo y podemos estar seguros que los visitantes están haciendo dos, tres o más cosas en simultáneo, mientras navegan por nuestro sitio. Si analizas tu sitio web en tan solo 5 segundos, a través de un vistazo rápido y con un montón de distracciones rodeándote: ¿están claramente visibles todos los elementos que incitan a una conversión y realmente los invita a tomar algún tipo de acción?

Las personas vienen con ciertas expectativas: Dejando de lado el tráfico accidental o no segmentado, los visitantes que formen parte de tu público objetivo y que lleguen a tu web a través de cualquier canal de captación, vendrán con ciertas expectativas generadas por tu publicidad, por otras empresas del sector y por el propio perfil psicológico del visitante. Si conoces muy bien a tu perfil de cliente ideal, deberás confirmar si el primer contacto que las personas tendrán con tu sitio web es coherente con esas expectativas que ellos traigan. Aunque no puedes controlar ni modificar todas las expectativas de tus visitantes, sí que puedes asegurarte de que tu sitio web esté creado para satisfacer al segmento del público que más te interesa.

Las personas ignoran todo lo que parezca publicidad: Nos hemos cegado a *banners*, animaciones y cualquier otro tipo de artilugio que parezca publicidad. Automáticamente, el cerebro ignora ese tipo de mensajes y a veces, sin querer, se nos pasan mensajes importantes por esa ceguera selectiva. Cuando creamos imágenes o cualquier otro tipo de destaque en nuestra web, debemos tener cuidado de que no parezca un *banner* publicitario, porque en vez de conseguir lo que se quiere, que es dirigir la atención del visitante hacia ello, más bien pasará totalmente desapercibido. Es importante controlar la atención del visitante a través de un buen diseño, con una estética muy bien cuidada, pero sin olvidar que las personas lo ignorarán si les parece un anuncio publicitario.

Las personas son de "click fácil": Los productores de TV le temen al mando o control remoto en la mano de los espectadores. Nosotros los emprendedores, le tememos al ratón, al *mouse* del computador. Estamos a tan solo un click de perder a nuestros visitantes y tenemos que entender que el usuario es "clickador" por naturaleza. Nuestros visitantes satisfacen su curiosidad y reducen su aburrimiento haciendo click en lo que puedan. Debemos aprovechar esto para incitarlos a hacer click donde nos convenga y dándoles la oportunidad de entretenerse y distraerse con nosotros mismos, en vez de aburrirlos y hacer que le den click al botón de ir atrás o de cerrar la pestaña del navegador.

Cada sitio web, cada negocio y cada empresario, deberá tomar en cuenta estos comportamientos de los visitantes para analizar cuáles cambios serán necesarios para no perderlos y para llevarlos de la mano hasta conseguir el objetivo planteado.

7 ERRORES QUE TUS VISITANTES PROBABLEMENTE NO NOTARÁN, PERO QUE AFECTARÁN TUS CONVERSIONES

Cuando se habla de usabilidad y experiencia del usuario, generalmente se mencionan los aspectos que son perfectamente visibles en la web. Existen otros factores que afectan nuestras conversiones y que nadie verá, bien sea porque forman parte de lo que sucede tras bastidores en nuestro sitio o porque su ausencia, genera problemas y causa que los visitantes hagan lo totalmente opuesto a lo que queremos

Algunos de errores más comunes que se suelen cometer, tanto a nivel externo como a nivel interno y que debemos evitar a toda costa, son:

1.- No tomar en cuenta los patrones de lectura: Conocidos en inglés como *"Reading Patterns Eyemaps"* son los movimientos que realizan los ojos del visitante cuando se visita un sitio web. Cada persona es diferente, pero hay patrones que se repiten en la mayoría de los visitantes y varios estudios han demostrado que las personas "escanean" los sitios en forma de "F". Comienzan en la parte superior izquierda de la web, manteniendo sus ojos en la parte superior trasladan la vista a la parte derecha superior de la pantalla, luego vuelven al lado izquierdo y bajan un poco, para luego moverse nuevamente a la parte derecha y luego bajan buscando títulos, subtítulos, viñetas imágenes y cualquier cosa que destaque sobre los bloques de texto. Existen diversos patrones y debemos adaptarnos a ellos.

2.- Usar barras de búsqueda poco inteligentes: Si tienes una tienda online o un portal con mucha información, es muy útil tener una barra de búsqueda, pero es muy importante que sean barras de búsquedas inteligentes. Muchas ventas se han perdido por barras que no reconocen sinónimos ni errores tipográficos u ortográficos. Si alguien está buscando una "funda para el móvil" pero tú no tienes ningún producto con esa palabra, sino con la palabra "carcasa" o "estuche" y la tecnología de búsqueda que utilices en tu web no reconoce el sinónimo, perderás ventas. Lo mismo sucede si alguien busca dentro de tu web por "posicionamiento ceo" en vez de "posicionamiento seo", la barra de búsqueda tiene que ser capaz de reconocer estos errores y llevar al usuario a la opción que considere la más correcta.

3.- No destacar o subrayar los *links*: Debe quedar claro que un enlace es un enlace y que se debe hacer click en él. Hay enlaces que se confunden con titulares y nadie hace click en ellos. El comportamiento normal del visitante es entrar a la web, escanear y buscar links para hacer click. El visitante se mueve gracias a los links y debe quedar claro cuáles son, bien sea por el subrayado, por el color, etc. Asegúrate que las personas sepan perfectamente que una palabra o frase es un enlace, sobre todo si es un enlace crucial que los ayudará a tomar una decisión de compra.

4.- No optimizar las imágenes: Un error bastante común es tener imágenes con tamaños muy superiores a los que son realmente necesarios. Si una imagen en tu web se verá en 300px por 300px en cualquiera de los dispositivos, no tiene sentido que el fichero original que se haya cargado al servidor sea de 1200px por 1200px. Esto hace la carga de la página lenta y perjudica la experiencia del usuario. Lo contrario también es malo: subir una imagen al servidor con tamaño inferior al que se verá en la web y el resultado es una imagen pixelada y de baja calidad. Esto transmite descuido y falta de profesionalidad.

5.- Utilizar servidores gratuitos o baratos y de mala calidad: El servidor donde esté alojado nuestro sitio web juega un papel muy importante y es uno de los aspectos más ignorados. Se suele buscar el más barato o inclusive, hay emprendedores que buscan uno que sea gratuito y no toman en consideración que el servidor es como el terreno o parcela donde será construida nuestra casa. Si el suelo es débil, movedizo o inestable de cualquier forma, nuestra casa se caerá. A la hora de elegir un servidor, debemos tener en cuenta su localización (en caso de que nuestros clientes sean de un área geográfica específica) y contratar un CDN o *Content Delivery Network*, que distribuirá nuestro contenido en servidores de diferentes partes del mundo para que siempre se muestre la versión más cercana al usuario, dependiendo de donde nos visite. A ningún usuario le importa cuál es tu servidor ni dónde esté localizado, pero su calidad, afectará su experiencia.

6.- Pensar en ciertos tamaños de pantalla y no en otros: Hoy en día, las personas nos visitarán desde muchos tamaños de pantallas diferentes. Es perfectamente normal que veas en tus estadísticas de visitas que, en los últimos 30 días, se han usado más de 10 tamaños de pantallas diferentes para acceder a tu sitio. No se trata únicamente de pensar en la versión *responsive* o adaptada a móviles, sino en considerar todos los tamaños diferentes de portátiles, ordenadores de escritorio, tamaños diferentes de *tablets* y móviles. Debemos probar cómo se ve nuestro sitio web en la mayor cantidad de tamaños de pantalla que sea posible y hacer los ajustes que sean necesarios para que no afecte demasiado la usabilidad. Es difícil tener un sitio web que se vea perfectamente bien en todas las pantallas, pero debemos hacer lo que esté en nuestras manos para que la mayoría pueda ver nuestro sitio como quisiéramos.

7.- Excederse en el uso de códigos, *plugins*, etc.: Utilizar demasiados *scripts, plugins* de Wordpress, complementos de Prestashop o Magento, etc., vuelve muy lento el sitio web, podría causar errores en la página y entorpecer la experiencia del usuario. Debemos practicar una economía eficiente de códigos y usar únicamente los que sean necesarios. También es recomendable hacer limpieza cada cierto tiempo, para asegurarnos que los *plugins* o códigos en general, estén actualizados y funcionando correctamente.

Estos son algunos de los errores "invisibles" más comunes que afectarán nuestras conversiones, pero como te he dicho en otras oportunidades, existen muchos otros que deberás ir identificando y tomando en consideración para irlos mejorando.

USER TESTING: PRUEBAS DE USABILIDAD

Las pruebas de usabilidad (o como se le suele llamar más comúnmente por su nombre en inglés: *User Testing*) nos permiten conocer la opinión de personas reales y su experiencia al interactuar con nuestro sitio web. A diferencia de las herramientas de mapas visuales y de grabación de sesiones donde solo podemos ver ciertas acciones, pero sin entender la motivación y razón de los usuarios que las están realizando, con el *User Testing* podremos saber a través del *feedback* directo de los *testers* (las personas que hacen los tests) lo que les parecen ciertos procesos de nuestra web, ciertos textos y/o llamados a la acción y cualquier cosa que queramos probar.

Antes de realizar el *User Testing*, se selecciona a las personas que lo harán (que podrán ser clientes potenciales o personas contratadas a través de plataformas de *User Testing*) y se definen tareas o *"tasks"* específicas sobre ciertos elementos de nuestra web.

En ocasiones, podríamos querer probar el proceso de compra de inicio a fin y le pediremos a los *testers* que realicen un pedido. El *tester* podría usar una tarjeta prepagada que nosotros le demos con la cantidad de dinero exacta que necesitará para la compra, o por otro lado, se le podrá dar un cupón para que no tenga que realizar el pago, pero sí probar el proceso de compra de inicio a fin.

A través del *User Testing* se puede probar absolutamente todo lo que queramos: la claridad del mensaje o propuesta de valor, el formulario de suscripciones, el proceso de contratación, la página de contactos, el chat en vivo, la utilización de una plataforma SaaS (*Software as a Service*), etc., etc., etc.

El *User Testing* también podríamos utilizarlo para comparar nuestro sitio web con los de la competencia y pedirle a los *testers* que realicen acciones en ambos sitios web y analicen varios factores para saber si le dan preferencia al sitio de nuestro competidor o al nuestro, a nivel de facilidad de uso, claridad, conveniencia, etc.

Se recomienda que el número mínimo ideal de usuarios para realizar una prueba sea de cinco y el máximo de quince. Cada uno de ellos podrá realizar *tasks* diferentes o todos podrían realizar las mismas *tasks*. En lo personal, prefiero que varios usuarios realicen exactamente las mismas *tasks* para poder comparar los resultados y descartar cualquier fallo derivado de la opinión o destreza del *tester*. Si trabajas con quince usuarios diferentes, podrías unirlos en grupos de tres y darles cinco tasks diferentes. Si trabajas solo con cinco, te recomiendo darles la misma task a cada uno de ellos y posteriormente probar con *tasks* diferentes.

Si no realizas el *testing* cara a cara (yo raramente lo hago en persona) los usuarios grabarán su interacción con tu web usando un programa de grabación de pantalla. Además, siempre que se pueda, conviene grabar en simultáneo sus caras con la *webcam* para captar expresiones de duda, desagrado, frustración, alegría, etc. Sin embargo, esto de la grabación de expresiones es algo que pocas empresas de *User Testing* lo ofrecen, pero si encuentras una que lo tenga, aunque te cueste más caro, úsalo.

Los *testers* deberán presentar un informe de los obstáculos que encontraron, los elementos de fricción que les hicieron el trabajo más difícil y también, deberán decirnos si nuestra propuesta de ventas y otros beneficios comunicados en la web, son realmente atractivos, o no.

Algunos ejemplos de lo que podríamos medir con los *tests*, son:

Capacidad del *tester* de completar una tarea: Podría darse el caso que uno o varios usuarios no completen de manera exitosa lo que les pedimos y esto podría ser una señal de que debemos realizar ajustes en nuestra web.

Tiempo que le tomó completarla: Lo ideal es que sea en el menor tiempo posible. Debemos tomar en cuenta la secuencia de pasos que el usuario siguió y ver si es el camino más efectivo. Si no lo es, la culpa no necesariamente será del *tester*, sino que será nuestra y debemos hacer cambios en la web

Obstáculos que encontró durante el test: Debemos pedirle a los *testers* que sean exigentes y nos mencionen cualquier mínimo elemento de roce que encuentren, por más pequeños que sean. Si varios *testers* nos mencionan los mismos elementos, debemos mejorarlos de inmediato.

Es muy probable que jamás hayas hecho una prueba de usabilidad en tu web, con personas reales, siguiendo un procedimiento y método efectivo. Eso tiene que cambiar hoy mismo. Debes probar con personas reales, los diferentes aspectos de tu sitio web.

Imagínate gastar centenas o miles de Euros/Dólares en un sitio web que no genera los resultados que esperamos. Lo último que queremos es haber tirado el dinero en un sitio web que no convierte.

No creas (como algunos piensan) que la culpa recae sobre el diseñador o programador web. ¡En lo absoluto! Un diseñador o programador no necesariamente tiene que saber lo más mínimo de conversión porque eso no forma parte de su trabajo.

Hay emprendedores que opinan que, si pagaron tanto dinero para crear un sitio web, éste debería funcionar perfectamente y debería estar optimizado para conversiones. Pero no es así. Un diseñador sabe de diseño, un programador sabe de códigos, un *marketer* sabe de marketing y un experto en usabilidad sabe de usabilidad. Es un trabajo en equipo y la responsabilidad no puede recaer sobre una sola persona.

Para que entiendas un poco mejor este concepto y su importancia, te doy un ejemplo: los ingenieros de la empresa de aviones Boeing son ingenieros sumamente preparados, con muchísimos años de experiencia y cuando diseñan un nuevo avión, lo someten a muchísimas pruebas antes de lanzarlo comercialmente. Prueban el tren de aterrizaje innúmeras veces, sometiéndolo a diferentes condiciones de temperatura, fricción, etc., prueban los motores bajo diferentes condiciones atmosféricas y así lo hacen con cada parte del avión.

Aquellos emprendedores que opinan que, si pagaron miles de Euros/Dólares por un sitio web, éste debería funcionar bien desde el inicio y convertir maravillosamente, son los mismos que opinarían que los ingenieros de la Boeing, si fuesen realmente buenos y competentes, crearían un buen avión al primer intento, que no necesitara de tantas pruebas para saber si el trabajo fue bien hecho o no.

¿Entiendes la comparación?

Podemos aplicar la teoría al pie de la letra, podemos crear un sitio web con todos los elementos que nosotros consideramos más efectivos para generar conversiones, pero no es suficiente. De hecho, no me creas ni una sola palabra de lo que te digo en este libro hasta que no hayas probado con tus usuarios, lo que realmente funciona en tu negocio.

Sé que muchos ignorarán esta parte de los *tests* y estarán cometiendo un error muy grave. Para que aumentes tus conversiones deberás hacer *Tests*, tanto *User Testing* como *Split tests* (que verás más adelante en el libro). De hecho, podemos y debemos hacer *split tests* cuando estemos haciendo *user testing*.

Si no haces *User Testings* no estás haciendo suficiente para optimizar tus conversiones. Recuerda: debemos probarlo TODO.

ERRORES COMUNES EN EL *USER TESTING*

Para que el proceso de *User Testing* sea efectivo, es importante tener muy claro lo que se quiere conseguir con los *tests* y crear las *tasks* específicas que nos revelarán información que otros métodos de rastreo no nos han podido revelar.

Algunos errores bastante comunes que cometen las empresas o emprendedores al contratar un servicio de *User Testing* son:

No definir objetivos claros y concretos: el problema podría comenzar por no entender por qué y para qué se está haciendo el *User Testing*, pero en ocasiones, el error se presenta al no identificar un problema (o varios) que tengamos para generar conversiones y crear objetivos específicos sobre el resultado que, en un escenario ideal, esperaríamos conseguir. El

User Testing lo usamos para obtener retroalimentación de personas reales sobre asuntos concretos y debemos definir con claridad cuáles son los objetivos que queremos conseguir con esos asuntos que vamos a analizar.

Tasks ambiguas o contradictorias: Las *tasks* que les pongamos a los *testers* deben ser lo más específicas que sea posible. Tenemos que basarnos en los objetivos que nos planteamos y solicitar el *feedback* que necesitamos. Un ejemplo de una pésima instrucción para un *tester* sería: *"Quiero que naveges por mi sitio web y me digas qué te parece"*. Lo correcto sería decirle: *"Quiero que naveges por mi sitio web y busques un neumático de 22" para bicicleta de montaña y lo compres"*. Pedirle a un *tester* su opinión con un *"¿qué te parece?"*, no nos ayudará mucho. Para obtener las respuestas que queremos, tenemos que saber formular muy bien las preguntas.

No saber qué hacer con los resultados del *Testing*: tras tener los resultados de los *testers* debemos analizarlos, contrastarlos con hipótesis o teorías propias y compararlos con los datos que nos hayan arrojado otras herramientas de rastreo. Luego, debemos crear un plan de acción específico y tomar acción para mejorar (o eliminar) los elementos que estén causando fricción. En algunos casos, nuestras teorías se confirmarán, mientras que en otros, nos sorprenderemos con los resultados. Debemos actuar de acuerdo con el *feedback* obtenido por los *testers* y debemos de inmediato, mejorar lo que tengamos que mejorar.

Revelarle información privada a los *testers*: Aunque las *tasks* que le demos a los *testers* deben ser muy claras y específicas, no podemos revelarles nuestros problemas o hipótesis. Darles pistas de lo que queremos escuchar o de algo específico que nos genera un problema, es un grave error. Nunca se les debe decir más que lo necesario. Frases como: *"Dime qué tanto te cuesta finalizar el proceso de compra con todos los datos que pedimos en el formulario"*, *"Ve si la información de contacto te parece que está muy escondida o muy pequeña"*, *"¿Te parece que es muy vaga la propuesta de ventas que comunicamos en el banner superior?"* les dan pistas a los *testers* que revelan parte de nuestras teorías y problemas y sin querer, los estamos condicionando a que nos den una respuesta que confirme nuestras teorías. Asegúrate que las *tasks* son específicas, pero totalmente neutrales para que el *tester* no se entere de lo que estamos analizando exactamente.

Pedir opiniones que son muy personales: El *User Testing* no se lleva a cabo para pedir la opinión de los *testers*. Es una pérdida total de tiempo, esfuerzo y dinero preguntarle a los *testers*: *"Cuál logo te gusta más?"*, *"¿te gusta este banner?"*, etc. Las preguntas deben ser prácticas, enfocadas en la usabilidad y experiencia del usuario. Queremos encontrar dónde estamos generando fricción por la manera como hemos presentado los diferentes elementos en nuestro sitio web. Está bien crear ciertas preguntas donde busquemos una opinión subjetiva de los *testers* (por ejemplo: si nuestra página les inspira confianza o no, eso es algo muy subjetivo) pero debemos evitar usar el *User Testing* para pedir opiniones de elementos que no necesariamente tienen una manera correcta o incorrecta de hacerse (que un logo no le guste a un grupo pequeño de personas, no necesariamente quiere decir que haya que cambiarlo). Y si queremos saber si el fondo blanco convierte mejor que el fondo azul, en vez de preguntarle al usuario *"¿Cuál color te gusta más?"* se les muestra las dos versiones a usuarios diferentes y se mide cuál genera mejores resultados.

Tomar decisiones prematuras: Generalmente lo queremos todo para ¡ya! ¡sin demoras! Es por esto que muchos emprendedores saltan a conclusiones erradas luego de haber implementado algo por tan solo un par de semanas o inclusive, luego de pocos días. Hay resultados que solo veremos luego de algunos meses, otros posiblemente sí que demoren tan solo algunos días, dependiendo de la cantidad de tráfico que recibas, de la época del año, del ciclo de venta del producto y sector, etc. Sea como sea, debemos tener paciencia y no llegar a conclusiones precipitadas. Hasta que no tengamos datos suficientes, no podemos sacar conclusiones. El tamaño de la muestra tiene que ser estadísticamente significativo para poder decidir si ciertos elementos de nuestra web funcionan o debemos cambiarlos.

La idea es que el *User Testing* nos ayude a detectar posibles problemas que tengamos actualmente y poder decidir lo que tenemos que hacer para mejorarlos. La opinión y comportamiento de los *testers* debe ser comparado con otros datos y desde luego, debemos tomar acción inmediata para generar más conversiones.

CAPÍTULO 9:

Elementos de diseño que mejoran las conversiones

En el capítulo anterior hablamos sobre los elementos de usabilidad y experiencia del usuario que afectan las conversiones. En este, nos enfocaremos en los elementos de diseño y cómo utilizarlos para facilitar que las personas ejecuten las acciones que queremos.

Considero importante recordarte que el diseño de un sitio web afecta considerablemente las conversiones, especialmente con aquellas personas que no nos conocen y que aún no respetan y valoran nuestra marca. Al igual que la apariencia física de una persona, nuestro sitio web debe causar un buen primer impacto.

Si tienes una reunión de negocios con un cliente potencial al que verás por primera vez, dudo mucho que vayas en pantalones cortos, con una camiseta arrugada y en chanclas. Hay muchos emprendedores que tienen sitios web de "pantalones cortos, camisetas arrugadas y chanclas" y ese es el primer impacto que están causando en su público objetivo.

Algunos se excusan diciendo que, en su sector, todos los competidores tienen sitios web similares, pero teniendo un sitio web similarmente mediocre, no los llevará a ningún lado. En una reunión social, más vale ser el que mejor va vestido que ser el peor. Más vale que nuestro sitio web sea superior al del resto del sector, en vez de tan mediocre (o peor) como los demás.

Si ya tenemos alguna trayectoria y hemos conseguido crear un buen posicionamiento de marca, consiguiendo un público fiel, que confía en nosotros y en lo que les ofrecemos, entonces el diseño o aspecto visual de nuestro sitio no es tan importante. Sin embargo, un buen posicionamiento de marca tomará años y yo sé que tú necesitas conversiones ahora, no dentro de 4 o 5 años, ¿cierto? así que cuida muy bien tu apariencia, hasta que tengas una marca bien posicionada delante de tu público.

Invierte en diseño, en un buen diseño, transmite tu profesionalidad a través de la apariencia de tu sitio web y conseguirás conversiones mucho más fácilmente.

CREANDO ELEMENTOS DE ENFOQUE HACIA TUS PUNTOS DE CONVERSIÓN

Un diseño no solamente debe ser "bonito", no solo debe causar una buena impresión, sino que debe tener una funcionalidad práctica que facilite las conversiones.

Para este momento ya debes haber definido cuáles son tus puntos de conversión más importantes, dependiendo de la etapa del ciclo de compra en la que se encuentren tus visitantes.

Antes de mencionarte cómo destacarlos, es necesario que comprendas cómo es el comportamiento de las personas dentro de un sitio web y de qué manera se mueven sus ojos.

En el capítulo anterior te hablé de los *"Reading Patterns Eyemaps"* y que uno de los patrones de navegación y lectura más comunes, es el que llamamos "Forma de F".

En la siguiente imagen tienes un ejemplo de cómo se moverían los ojos de visitante en ese patrón:

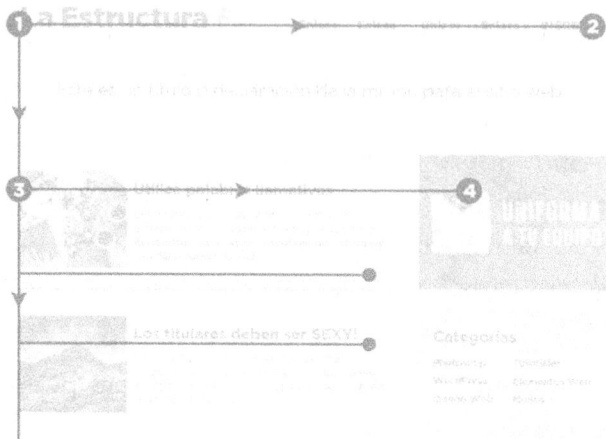

La mirada del visitante comienza en la parte superior izquierda de la pantalla, para luego desplazarse a la parte derecha superior, bajando a través del margen izquierdo y regresando al lado derecho para luego seguir bajando y seguir buscando algo que les llame la atención.

Otra forma de navegación que suele repetirse es el de forma de Z. Puedes ver un ejemplo en la siguiente imagen:

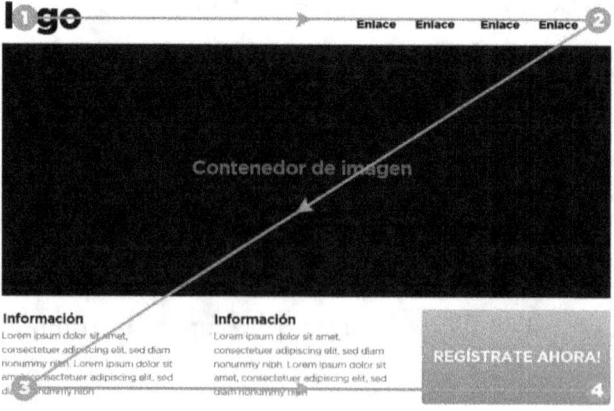

Desde luego, no podemos afirmar que 100% de las personas navegan los sitios web de esas maneras, pero estudios en los que se han usado cámaras y sensores para detectar el movimiento ocular de las personas mientras navegan en internet, han demostrado que la navegación en forma de "F" es la que más se repite, seguida de la de forma de "Z".

Teniendo acceso a esta información, podemos entonces diseñar nuestro sitio web anticipándonos al movimiento ocular y comportamiento de los visitantes cuando naveguen por nuestro sitio. Si ya sabemos que las personas realizan un movimiento ocular en forma de "F", vamos a colocar puntos de conversión en esa trayectoria.

Colocarlos correctamente en nuestra web es importante, pero no es suficiente. Una vez que hayamos colocado los puntos de conversión más importantes en nuestro sitio web, debemos destacarlos.

Para ayudarte a entender cómo funciona la atención de las personas, hagamos un ejercicio:

¿Cuál de estos números te llama la atención?

2222222222222222222
2222222222222222222
2222222222222222222
2222222222222222222
2222222222222222222
2222222222222222222

Me imagino que ninguno ¿cierto? Ahora veamos otra imagen.

¿Cuál de estos números te llama la atención?

2222222222222222222
2225222222222222222
2222222222222222522
2222222222222222222
2222222252222222222
2222222222222222222

¡Ahh el 5!, ¿no? saltan a la vista entre la mayoría de números "2".

¿Por qué? porque son los que rompen con el patrón, son los que se salen de lo común. Al ser diferentes, destacan. Debemos usar este principio a nivel de diseño para destacar los puntos de conversión que queremos.

En nuestro sitio web, hay algunos elementos más importantes que otros y deben quedar destacados. Para destacarlos, podemos crear contraste y usar elementos que llamen la atención cuando se coloquen alrededor, o sobre otros, que los hagan ver diferentes.

Las estrellas en el cielo brillan por contraste. Las estrellas están siempre presentes, pero solo podemos verlas cuando es de noche. El contraste del cielo oscuro es lo que hace que las estrellas destaquen.

Lograr que algo destaque de su entorno no solo ayuda a capturar la atención más fácilmente, sino que también, conseguimos que los visitantes lo recuerden mejor.

Podemos crear contraste a través de muchos elementos, pero los más básicos, son:

Colores: Con tan solo cambiarle el color a un elemento, conseguiremos que destaque sobre los demás podemos hacer que el elemento que queramos destacar tenga un color completamente diferente al resto y automáticamente captará la atención del visitante, como puedes ver en la imagen a continuación:

Ejemplo:

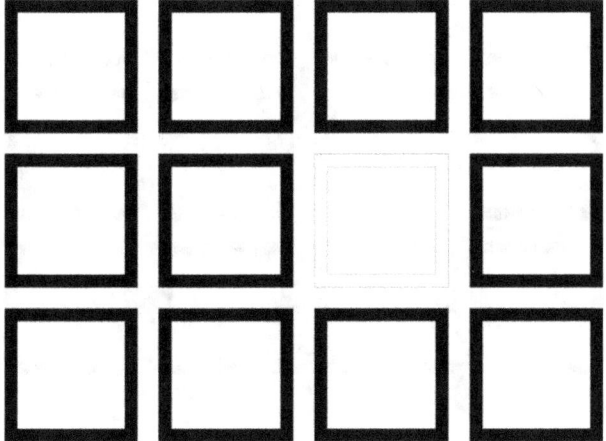

Tonos: No hace falta cambiar el color completamente para destacar, basta con cambiar el tono de ciertos elementos, haciendo que salgan de la paleta normal de colores que lleve el sitio web y esto generará destaque.

Ejemplo:

Formas: Podemos cambiar la forma de uno o varios elementos para que rompan con las líneas y formas del resto del diseño, causando una especie de "incoherencia intencional" que hará que las personas se fijen.

Ejemplo:

Para que el resultado sea como el que esperamos, esto es un trabajo que deberás hacer con un buen diseñador o alguien con experiencia en comunicación visual. No intentes hacerlo tú mismo si no eres diseñador. Invierte en tu negocio, invierte en un profesional que sepa cómo hacerlo.

De la misma manera que destacamos a través de colores, tonos y formas, debemos buscar la manera de destacar el texto que nos interesa. Recuerda que casi nadie leerá todo el texto de tu sitio web y las personas irán escaneando con los ojos y se detendrán a leer tan solo algunos elementos del texto.

Cuando creamos el texto para nuestro sitio web, debemos darle un formato que sea "escaneable" con la vista. Párrafos muy grandes y bloques de texto muy cargados ahuyentan a las personas. Si debemos transmitir una gran cantidad de texto, podremos dividirlos por secciones y desde luego, también podemos valernos de elementos de diseño como fotografías, íconos, etc., para darle frescura al contenido.

Cuando las personas escanean el texto de una web, los elementos que generalmente llaman su atención son los titulares, los subtítulos, las listas numeradas (viñetas), palabras resaltadas en negritas y los párrafos cortos (de dos o tres líneas como máximo) sobre todo, los que están centrados.

Asegúrate que cuando las personas estén escaneando el contenido de tu sitio web y vayan saltando del titular a los subtítulos, luego a las listas numeradas, pasando por las palabras resaltadas, etc., toda esa secuencia de saltos sea lógica y sea capaz de contarle al visitante lo que nosotros queremos, sin necesidad de que se lea todo el texto de nuestro sitio web.

Haz la prueba en este momento y lee únicamente los textos que destaquen en tu web; ve si comprendes tu propia historia y si tienes razones suficientes para comprar leyendo únicamente los titulares, subtítulos, viñetas, etc.

Si no logras quedar cautivado leyendo solo eso, haz los cambios que sean necesarios para que tus clientes potenciales quieran comprarte.

EL ARTE DE "ENCIMA DEL PLIEGUE" Y CÓMO USARLO EFECTIVAMENTE

Ya te he mencionado anteriormente que los elementos más importantes de conversión deben estar encima del pliegue de tu página, es decir: visibles tan pronto el visitante entre a tu sitio web, sin que tenga que bajar (hacer *scroll*) para poder ver esos elementos importantes. De esta forma, le permitiremos al visitante tomar acción en algo, sin que tenga que leer mucho más.

Hace algunos años, muy pocas personas hacían *scroll* y se concentraban únicamente en lo que estaba visible al entrar al sitio web. También, hace varios años la gran mayoría de personas tenía el mismo tipo de pantalla, más o menos del mismo tamaño y el margen del pliegue era sumamente uniforme para la gran mayoría.

Todo eso cambió con la llegada de los *laptops, tablets* y teléfonos móviles. Pero: ¿Quiere eso decir que lo de "encima del pliegue" perdió su importancia?

No. Simplemente cambió su importancia.

Hoy en día, me arriesgaría a decir que más del 80% de la atención sigue concentrada encima del pliegue. La mayoría de personas suele hacer *scroll* casi de manera instintiva, pero toman gran parte de sus decisiones encima del pliegue y es allí donde podríamos perderlos (principalmente el tráfico frío).

Si analizas actualmente tu página y ves lo que está encima del pliegue: ¿Consideras que tiene lo necesario para generar algún tipo de conversión? ¿Qué resultados arrojan tus pruebas de usuario? ¿Qué te dice tu público objetivo? Es necesario tener respuestas a estas preguntas, no meras suposiciones.

Encima del pliegue debemos:

Captar la atención del visitante: usando el titular para comunicarle el beneficio principal de usar nuestro producto o servicio. El subtítulo debe ayudarnos a cumplir ese objetivo y las imágenes que coloquemos encima del pliegue deben capturar su mirada.

Vender el problema y aportar una solución: parte de nuestro trabajo como marketers es intensificar problemas, o al menos, la percepción del problema por parte del visitante. Encima del pliegue debemos hablar directa o implícitamente sobre el dolor que siente nuestro público objetivo y ofrecerles la solución. Debe quedarles claro que tienen un problema, deseo o necesidad y que nosotros tenemos la solución que buscan.

Despertarles confianza: Considerando que la confianza es uno de los factores más importantes para la conversión, debemos darles algo de tranquilidad, bien sea a través de las fuentes de contacto, políticas de envío y cualquier otra información que haga sentirlos un poco más seguros.

Obviamente, en un mundo multi-pantallas, el "pliegue" varía según cada dispositivo y es imposible conseguir que en todos se vea de la misma manera, pero debemos tomar en cuenta los tamaños de pantalla más populares y diseñar pensando en ellos.

Te sugiero que revises tus datos analíticos y veas cuál es el tamaño que predomina en tu caso y asegúrate que tu diseño encima del pliegue está pensado para ese tamaño (tanto en la versión *desktop/laptop* como en la versión adaptada para móviles).

Nos conviene dividir el diseño de nuestro sitio web en varios "pliegues" del tamaño de pantalla que predomine en nuestros usuarios. De esta manera, podremos dividir el contenido en segmentos lógicos y, con ayuda del diseño, separarlos de una manera muy clara.

ELEMENTOS DE DISEÑO QUE GENERAN MÁS CONVERSIONES

Hay pequeños detalles que generan grandes resultados y cosas que podrían parecer sumamente simples, banales o inclusive absurdas, son las que nos ayudarán a conseguir el empujón final que necesitamos para convertir al prospecto en un cliente.

Como te he mencionado anteriormente, no me creas ni una sola palabra de lo que te diré a continuación y haz las pruebas en tu propio sitio web para que determines lo que funciona mejor en tu negocio. No caigas en el error de ignorar algunas de las recomendaciones que te estoy dando, porque quizá te parezcan que no tienen sentido o simplemente, no te gustan. Haz las pruebas y no te bases en tu opinión para determinar si algo funciona, o no. Prueba, prueba y vuelve a probar. Hay técnicas que no funcionan al primer intento, pero luego de hacerles varios ajustes, funcionan a la perfección.

Algunos elementos de diseño que suelen generar mejores conversiones son:

Imágenes planas (2D): Para el momento que escribo este libro, funciona mucho mejor usar imágenes y logos que sean minimalistas, que no tengan efectos de sombras, biseles ni nada que intente parecerse a un efecto 3D. Muchas empresas han cambiado sus imágenes y logotipos para hacerlos planos y páginas enteras de grandes corporaciones se han rediseñado para darles ese aspecto plano y minimalista.

Ejemplo:

 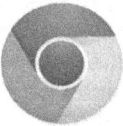

*Logotipo de Google Chrome. Google, Inc.

Flechas sugestivas: Emplear formas que sugieren flechas y apuntadores hacia elementos de conversión, ayuda a dirigir la atención a donde queremos. Podrá parecerte un truco barato y quizá podrías pensar que *"nadie cae en eso"*, pero esto es un proceso a nivel subconsciente, no consciente. En ocasiones, no hace falta usar una forma, sino puede ser un gesto de la mano en la foto de alguien, la dirección de la mirada de una persona en una foto, etc. Piensa en ellas como "flechas imaginarias" que apuntan hacia elementos que queremos que los visitantes vean.

Ejemplo:

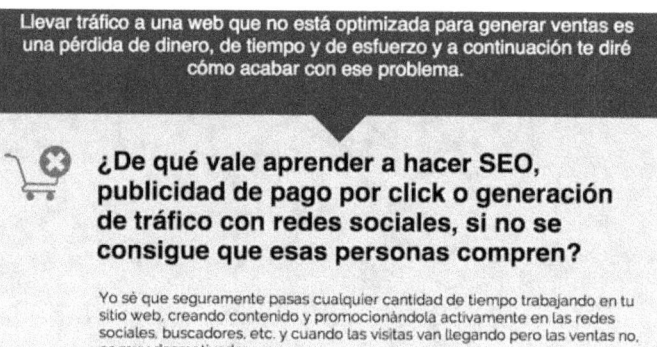

Letras Sans Serif: Las letras sans serif son aquellas que no tienen serif. El serif es aquella coletilla o terminación que tienen algunos tipos de letras como por ejemplo, la Times New Roman. Está comprobado que utilizar letras Sans Serif es más efectivo porque hace más fácil la lectura y por lo tanto, la comprensión.

Ejemplo:

Conversión

○ Serif   Letra con Serif - Times Regular

Conversión

Letra sin Serif - Arial Regular

Titulares grandes: Está de moda (porque se ha demostrado que es efectivo) el uso de la tipografía como parte integral del diseño. Colocar los titulares con bastante destaque, en un tipo de letra atractivo y coherente con el diseño de la página, ayuda a transmitir mejor el mensaje. Desde luego, es necesario ser concisos y lograr expresar las ideas en el menor número de palabras que sea posible.

Ejemplo:

Letras capitales: Este tipo de letras se usan en los libros desde hace centenas de años. Son la primera letra que da inicio a un párrafo y se suelen colocar en un tamaño bastante superior al del resto. La razón principal de su uso es facilitar la lectura y podría ser especialmente útil en aquellos sitios web que tienen bloques de texto bastante extensos. El cerebro está acostumbrado a asociar este tipo de letras a los cuentos e historias y también ayuda a despertar la atención del lector.

Ejemplo:

Aprende paso a paso cómo tener tu propio negocio de comercio electrónico sin tener que importar productos, sin tener que almacenarlos en casa ni tener que enviarlos por correo. El Curso Online de Dropshipping te enseñará con detalle lo que necesitas saber para que puedas tener tu propia tienda virtual con poca inversión y poco riesgo.

Cajas de destaque: Para separar ciertos elementos del fondo y otros elementos adyacentes, podemos usar "cajas" para destacar lo que queramos. Con esto, estamos usando el principio del contraste que te mencioné al inicio de este capítulo y lograremos que más personas se fijen en lo que queremos. En estas cajas podemos colocar: formularios de captura, botones de inscripción, beneficios de la utilización de tu producto o servicio, etc.

Ejemplo:

Representaciones físicas de productos intangibles: Bien sea un servicio o un producto digital, si es un bien intangible, nos ayudará a venderlo si lo representamos de manera tangible. No sé si te has dado cuenta de que algunas grandes plataformas ofrecen servicios de reparación de ordenadores en unas cajas metálicas que lo único que contienen dentro, es una especie de certificado, condiciones del servicio, números de contacto y un número de serie para identificar al cliente. Este es un perfecto ejemplo de "fisificar" (volver físico – palabra inventada) algo que no lo es. La gente suele estar más dispuesta a gastar su dinero si pueden tocar de alguna forma aquello que están comprando (o al menos verlo e imaginarlo como algo físico).

Ejemplo:

Acceso a **TODOS** los cursos de la academia **Keiwebco**

Acceso al SIP90: Sistema de Ingresos pasivos en 90 días

Acceso por 2 años al Club **Ciberemprendedor**

Elementos hechos a mano: Cualquier tipo de ilustración, texto, firma, etc., que se vea hecha a mano alzada, en vez de hecho a través de un ordenador, suele tener mayor realismo y por lo tanto, más cercanía. No importa si el elemento en sí es hecho en ordenador o no, lo que importa es que parezca hecho a mano. Se pueden usar flechas, símbolos, pequeños dibujos, etc. y para páginas de servicios de un profesional, a veces basta con colocar su firma (o su nombre escrito a mano) para conseguir el efecto deseado.

Ejemplo:

Cabeceras estáticas: El uso de *sliders* (imágenes o textos que se desplazan y van cambiando cada cierto segundo) ha sido abusado de tal manera, que el efecto que se produce es totalmente opuesto al que se quiere. Antes de usar una cabecera con imágenes que vayan rotando, es mejor que elijas una sola que quieras destacar. Si por alguna razón quisieras usar varias, elige dos o tres que cambiarán cada vez que la página se cargue, pero no mientras el visitante esté navegando tu sitio. En el caso de que sea totalmente obligatorio usar un *slider,* al menos deja que el visitante sea quien controle, a través de unos botones, su rotación.

Ejemplo:

Precios tachados con descuento: sucede algo mágico e inexplicable con los precios tachados. Ver que algo que queremos está en descuento, es muy bueno, pero se vuelve irresistible cuando vemos su precio original tachado y junto a él, vemos el precio final con descuento. Se ha comprobado que es mucho más efectivo poner el precio original tachado, en vez simplemente colocar el porcentaje de descuento y el precio final.

Ejemplo:

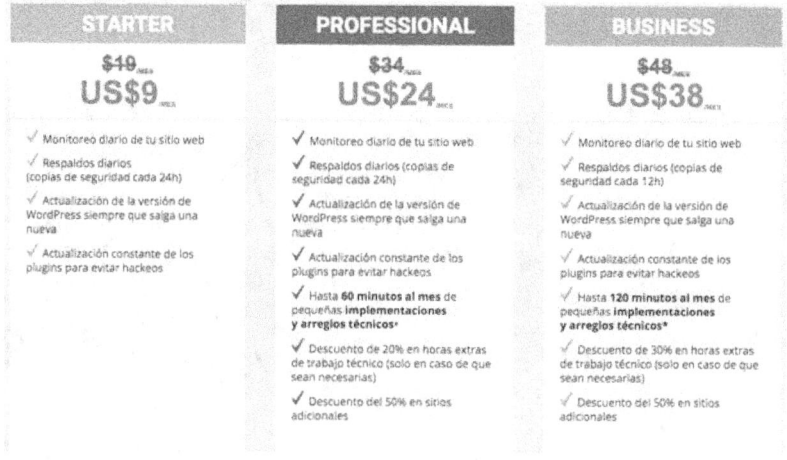

Caras de personas: la naturaleza del ser humano hace que nuestra atención se vaya hacia otros seres humanos y sus caras suele ser lo primero en lo que nos fijamos. Siempre que podamos y consideremos conveniente, debemos usar fotos en *close-up* de personas. Además, las fotos de personas sonrientes tienen un poder mágico en la mente de todos. Evita fotos de *stock* (de bancos de imágenes) y si las usas, intenta que sean lo más naturales posibles (que no se note que son de stock) y que sean de personas "normales" (no de supermodelos ni actores que claramente, estaban posando para la foto y se ven muy artificiales). Las fotos de stock pueden usarse para ilustrar entradas de blogs y para ciertos anuncios publicitarios, pero mientras más naturales sean las fotos, mejor.

Ejemplo:

¿QUÉ ES KEISTADI?

KEISTADI es un estudio de caso ("Case Study") casi a tiempo real, donde los participantes verán "tras bastidores" cómo Kelwebco planifica, construye y lanza un proyecto totalmente nuevo en internet en un nuevo nicho de mercado.

La principal ventaja de formar parte de KEISTADI, es poder seguir desde adentro, prácticamente como un "espía", las técnicas y estrategias de una empresa con amplia experiencia en proyectos online. En ocasiones y dependiendo de tu caso, no te hacen falta nuevos conocimientos; a veces lo único que necesitas es un ejemplo a seguir, cuando lo requieras y cuando tengas las siguientes interrogantes: "¿Será que voy por buen camino? ¿Qué haría otra empresa en mi lugar?"

A partir de hoy, todas las semanas y durante 6 meses, recibirás vídeos y actividades realizadas por Kelwebco para desarrollar ese nuevo proyecto. Estos vídeos y actividades te servirán de "mapa" para que tú puedas usarlo como guía a la hora de desarrollar tu propio proyecto.

Espacios en blanco: En el diseño, la ausencia de elementos es tan efectiva como la presencia de ellos. Se pueden usar espacios en blanco para crear énfasis, hacer descansar al usuario o dirigir la vista hacia los únicos elementos que realmente nos interesan. Desde luego, es importante usarlos en los lugares correctos y no desaprovechar espacio que podría ser utilizado para elementos de conversión. El uso del espacio en blanco tiene que tener sentido y debe ayudar a destacar lo que nos conviene.

Ejemplo:

Viñetas: también conocidas como "puntos de enumeración" o con su nombre en inglés *"bullet points"*, ayudan a hacer la lectura fácil y, de hecho, los usuarios van escaneando las páginas en busca de este tipo de ayudas visuales. Siempre que podamos debemos construir nuestro texto de manera que podamos enumerar, en diferentes puntos, los beneficios, características y cualquier otro tipo de información que ayude a los visitantes a decidirse.

Ejemplo:

CONTENIDOS DEL CURSO DE CONVERSIÓN DE TRÁFICO

M1 **MÓDULO 1: Fundamentos de la conversión**

- Diferencias entre Usabilidad, Landing Page Optimization y Conversión en General
- Conociendo las métricas y KPIs necesarias para aumentar la conversión
- Los pilares de la conversión y el framework UPCAFIT que genera más conversiones
- Cómo calcular las tasas de conversión principales
- Cómo revelar las razones por las cuales las personas no te compran y cómo solucionarlo
- 10 Errores que se deben evitar a la hora de optimizar la web para generar conversiones

M2 **MÓDULO 2: Conociendo a tus visitantes y prospectos**

- Cómo descubrir lo que quiere tu público y entregárselo
- Benchmarking como referencia de mercado
- Etapas del ciclo de compra del consumidor y cómo las usarás a tu favor
- Lead Tracking y Lead Scoring: dos armas de conversión sumamente efectivas
- Definiendo el "Avatar" de tu negocio
- Los 4 temperamentos del cliente online y cómo usarlos en tu estrategia de persuasión
- Cómo segmentar demográfica, geográfica y psicográficamente a tu público objetivo

M3 **MÓDULO 3: Tráfico Cualificado**

- Cómo generar mejores conversiones del tráfico de buscadores
- Cómo hacer que el tráfico de email se convierta en ventas
- Cómo convertir el tráfico que proviene de las Redes Sociales
- Remarketing enfocado en conversión
- Optimizar el esfuerzo de aliados, afiliados y otras referencias de terceros
- Cómo rastrear y medir las conversiones según su fuente de tráfico

Imágenes panorámicas: Los seres humanos siempre hemos sido muy visuales, pero gracias a Instagram, Pinterest y Facebook, ahora somos mucho más visuales. El uso de imágenes panorámicas, de gran tamaño y en alta resolución, le dará un mayor atractivo a tu contenido y será una página más agradable a la vista.

Ejemplo:

Probablemente no podrás implementar todos estos elementos en simultáneo en tu web, pero sería conveniente que probaras cada uno de ellos a través de pruebas A/B para determinar cuáles afectan directamente tus conversiones.

Siempre que encuentres un ganador, pasa a otro elemento, pruébalo y si funciona, incorpóralo. Pero no olvides que una primera implementación puede que no te traiga mejoras considerables, así que, haz pequeños ajustes hasta que puedas determinar, con toda seguridad, que un elemento funciona, o no.

Aunque muchas cosas de las que te he contado suenan interesantes en la teoría y con potencial de resultar bien, en la práctica, solo sabremos si hemos hecho un buen trabajo cuando hayamos recibido visitas y hayamos medido y analizado su comportamiento dentro de nuestro sitio web.

Podríamos adelantarnos y hacer un juicio empírico sobre los cambios que hemos realizado para determinar si vamos por buen camino o si debemos seguir haciendo ajustes.

Existen dos métodos sumamente simples (tan simples que podrían parecer ridículos) que nos ayudarán a entender cómo será el primer impacto del visitante con nuestro sitio web:

EL BLUR TEST

Esta una de las mejores maneras para comprobar si los elementos de diseño nuestros sitios web están llevando la atención del usuario a los elementos de conversión que más nos importan a través de ciertas reglas de jerarquía visual.

La palabra *blur* significa "desenfoque" y este test del desenfoque del que te hablo, consiste en ver tu sitio web y tu diseño general totalmente desenfocado.

¿Para qué hacemos esto? Para concentrarnos en los elementos que más importan, sin darle atención al contenido y comprobar si esos elementos están cumpliendo su función de contraste y destaque a nivel de diseño.

Existen varias maneras de hacer este test, pero te voy a mencionar únicamente dos que suelen funcionar bastante bien. La primera, es algo "ridícula" pero cumple su función: abre tu sitio web y entrecierra los ojos dejándolos casi completamente cerrados de tal forma que continúes viendo, pero no logres leer ni distinguir detalles en la web. Si lo haces correctamente, deberías ver tu sitio web (y todo lo que tengas delante) totalmente desenfocado.

¿Qué es lo primero que te salta a la vista? ¿Cuáles elementos destacan? ¿Son realmente puntos de conversión? ¿Están quedando sin destaque algunos de los puntos de conversión?

Como puedes haberte dado cuenta, tan simple que hasta parece ridículo. Pero no lo descartes, hazlo.

Otra manera un poco más sofisticada y que te permitirá mostrarles a otras personas tu sitio web desenfocado para que te den su opinión, es hacer capturas de pantalla de tu sitio web, luego usar cualquier editor de imágenes y agregarles un efecto o filtro de desenfoque. Así podrás ver claramente (o mejor debería decir "borrosamente") cuáles son los elementos de diseño que más destacan y evaluar si pertenecen a puntos de conversión.

Ejemplo:

LA PRUEBA 5ST

5ST viene de "5 *Second Test*", o en español: la prueba de los 5 segundos.

En muchos casos, más del 50% de los visitantes suele abandonar un sitio web en menos de 5 segundos. Aquellos que se quedan más tiempo, suele abandonarlo en menos de 30-60 segundos.

La prueba 5ST lo que busca es identificar los elementos de conversión que más destacan en una web, echándole un vistazo rápido de 5 segundos. Lo que queremos es tener una idea de esa primera impresión que las personas se llevarán de nuestro sitio web cuando lo visiten y queremos tener la seguridad de que captamos su atención para que sigan navegando y sigan buscando razones para saber más.

Abre tu sitio web y dale un vistazo rápido de 5 segundos.

¿Qué es lo primero que te salta a la vista? ¿Cuáles elementos destacan? ¿te apetece seguir navegando para descubrir más? Se objetivo y olvida por un momento que es tu propio sitio web. Pídele ayuda a otras personas para conocer lo que opinan en tan solo 5 segundos.

Cuando analizamos nuestro propio sitio web, solemos hacerlo con detenimiento, con cuidado, con cariño, porque es nuestro bebé y le damos toda nuestra atención. Pero solo tú y tu madre le darán este tipo de atención a tu sitio web. Tus usuarios no tendrán la paciencia, ni el tiempo, ni las ganas de ver con detalle todo tu sitio.

Este test no es un análisis exhaustivo ni debe serlo. Es un vistazo rápido, como el que la gran mayoría de tus visitantes le dará a tu sitio.

Algunos de los detalles que debemos analizar en el test de los 5 segundos, son:

- El diseño visual general y calidad profesional que transmite;

- La claridad y efectividad de los titulares y llamados a la acción;

- Uso de fuentes (o tipos de letra), colores e imágenes;

- Estructura de navegación;

- Propuesta de valor y propuesta única de ventas clara y visible al entrar.

El 5ST es un análisis estupendo para detectar errores que habías pasado por alto al hacerle un análisis exhaustivo a tu web.

Intenta pensar como tus visitantes, ponte en sus zapatos y mira tu sitio web con sangre fría y con la mayor objetividad posible.

CAPÍTULO 10:

Split tests

Hablemos ahora de aquello que todos han escuchado, que muchos saben que es importante, pero que muy pocos, por pereza o terquedad, no aplican en sus negocios: Los *split tests*.

Supongamos que esta noche tienes una fiesta y no sabes si llevar una corbata azul o una verde, si llevar el vestido rojo o el negro. ¿Qué sueles hacer en estos casos? Si eres como muchas personas, te pruebas ambas opciones, te miras al espejo, ves cuál te queda mejor, luego le preguntas a quien tengas cerca para conocer su opinión y, a veces, pides opinión a varias personas diferentes.

Sabiéndolo o sin saber, haciendo eso, estás llevando a cabo un *split test*.

Los *Split tests* o "pruebas divididas" (suena terrible en español, así que siempre me referiré a ellos como *split tests*) son algunas de las actividades más importantes que deberás hacer para aumentar tus conversiones. Sin ellas, estaremos dando vueltas en círculos, a ciegas y nunca sabremos si existe una mejor manera de hacer las cosas. Algunas personas suelen llamarles "pruebas A/B" pero, además, también existen las pruebas multivariables y más adelante en este capítulo te explicaré la diferencia.

Como te he dicho en repetidas ocasiones, nada de lo que te recomiendo en este libro puede ser interpretado como una verdad irrefutable si no lo aplicas y pruebas en tu negocio. Todo lo que he enseñado hasta ahora, ha sido explicado de una manera bastante general, para que se aplique a la mayoría de modelos de negocio, pero es imposible que yo haya logrado acertar en todos los pequeños detalles específicos de cada uno.

Es aquí donde los *split tests* te ayudarán a determinar lo que realmente funciona en tu caso y lo que no. Si no pruebas, no sabrás y tus conjeturas, hipótesis y opiniones personales no sirven de nada si no las respaldas con docenas de *split tests* diferentes y muchos datos analizados.

Cuando tenemos dudas a la hora de realizar algún cambio o de implementar algo nuevo en nuestro sitio web, debemos someter a prueba las diferentes opciones que tenemos, para conocer por parte de nuestro público objetivo, cuál de ellas nos ayuda a conseguir mejores resultados.

Para que entiendas mejor el proceso del *split test*, te voy a dar un ejemplo:

Supongamos que queremos saber cuál texto funciona mejor en el botón del llamado a la acción que usaremos para capturar a las personas en nuestra lista de suscripción. Nuestras tres opciones son:

1.- "Suscríbete Aquí"

2.- "Accede de inmediato"

3.- "¡Quiero formar parte!"

Para probar cuál de estas tres versiones genera más suscriptores, necesitaremos tres páginas de aterrizaje cuya única diferencia, sea el texto del botón.

Cuando las personas comiencen a visitar nuestro sitio web, un *software* de *split tests* dividirá automáticamente el tráfico que recibimos, enviando a los visitantes hacia las tres diferentes versiones y midiendo cuántas personas se suscribieron en cada una de ellas.

Si recibimos 1.000 visitas en el sitio web, el software enviará a 333 personas a la versión N°1, 333 personas a la versión N°2 y a 334 personas a la versión N°3.

Supongamos que en la versión número uno se apuntaron 102 personas, en la versión número dos se apuntaron 79 y en la versión N°3 conseguimos el contacto de 189 personas. Gracias a esta prueba pudimos comprobar que el texto del botón de la versión número tres, fue la más efectiva y la que generó más suscriptores. Así, ya sabremos cuál es el botón que debemos mantener en nuestra web, basándonos en datos reales, de resultados reales y comprobados con el tráfico de nuestro público objetivo real.

Debemos hacer lo mismo con todos los elementos que tengan cualquier tipo de impacto en la conversión de nuestro sitio web. Debemos probarlo todo, cuestionarlo todo, crear hipótesis diferentes, medir y seguir probando, una y otra vez.

La palabra que más leerás y de la cual te cansarás más en este capítulo es: "prueba". Quiero conseguir que te repitas a ti mismo constantemente frases como: *"tengo que probar esto", "Voy a hacer un split test con esto", "voy a crear varias versiones para probarlas", "¿y si en vez de eso hago esto otro?" "¿y si más bien pongo esta palabra en vez que aquella?"*...y otras por el estilo.

Lo interesante de los *split test* es que son sumamente fáciles de implementar; requieren de esfuerzo y trabajo, pero no hay demasiada ciencia detrás de ellos y no hay que saber demasiado para hacerlos. Basta con crear varias versiones diferentes de lo que quieras probar, configurar el software que te dividirá el tráfico que recibirás y luego, analizar los datos para ver cuál de las variaciones trae mejores resultados.

Con los *split tests* necesitas 5% de teoría y 95% de implementación. En este capítulo, te daré el 5% de teoría que necesitas; de tu parte, queda que tomes el 95% de acción necesaria para que aumentes tus conversiones.

Lo más importante a tener en cuenta es que los *split tests* deben formar parte de tu día a día y debes probar absolutamente todo. Si logras asimilar esto y lo practicas, tus resultados serán asombrosos.

ELEMENTOS CRUCIALES EN EL PROCESO DE TESTING

Aunque el proceso de *split testing* suele ser muy simple, es importante que comprendamos los elementos que lo componen. Muchas veces no nos detenemos a pensar en todo aquello que influye y afecta lo que hacemos, sino que vamos "tanteando" hasta que conseguimos el resultado que queremos.

A continuación, te hablaré de los diferentes elementos de un *test* para que los puedas visualizar claramente y puedas planificar mejor las pruebas que harás dentro y fuera de tu sitio web:

Variables: Son todos aquellos elementos que pueden ser modificados para mejorar las conversiones. Antes de iniciar el *testing*, debemos definir cuáles son las variables que vamos a probar. Absolutamente todo lo que contenga tu sitio web es una variable y puedes probarla. Algunas de las variables más comunes para probar con el *split testing* son: titulares, imágenes, botones, llamados a la acción, políticas, testimonios, colores, etc. En el caso de las pruebas A/B, es una sola variable por cada test. En el caso de los *tests* multivariables, son diferentes variables en simultáneo en cada prueba. Identifica las variables a probar y asegúrate que las pruebas todas.

Variaciones: Son las diferentes versiones de cada variable a probar. Si la variable a probar es el color del botón del llamado a la acción, entonces las variaciones serían: rojo, azul, naranja, etc. También podrían ser otras variaciones como: esquinas redondas, esquinas cuadradas, con sombra, sin sombra, con bisel, etc. Puedes probar tantas variaciones como quieras, sin embargo, lo recomendable es comenzar solo con dos o tres, seleccionar un ganador entre ellas y luego hacer otras pruebas con nuevas variaciones y ponerlas a competir con el ganador inicial para comprobar si continúa generando los mejores resultados, o si por el contrario, las nuevas variaciones generan mejores conversiones.

Hipótesis: Los *Split Tests* deben ser vistos como un método científico y como cualquier experimento, deben comenzar con una hipótesis. Antes de realizar *split tests*, debemos establecer las diferentes posibilidades y posibles resultados que creamos que podríamos obtener (basándonos en nuestra propia experiencia, sentido común o recopilación documental) luego de hacer alteraciones en ciertos elementos de nuestra web. Toda hipótesis se genera a partir de una pregunta y la respuesta a ella es el resultado que esperaríamos conseguir y el que queremos probar si realmente se obtiene. Por ejemplo: *"¿Qué ayudaría a que las personas agreguen más productos al carrito?"* La hipótesis antes del test sería: *"Colocar el botón de agregar al carrito más cerca del título del producto"*. El test nos confirmará si esa hipótesis se confirma o se descarta.

Control: Es la página original sin cualquier cambio o variación o la que usamos de referencia y como punto de partida para nuestros *tests*. Si actualmente tenemos un sitio web que queremos mejorar, ese es nuestro control. Los *split tests* son comparaciones y debemos tener una versión de control inicial e identificar todas las variables, crear las variaciones y luego proceder a hacer las pruebas. Sobre la marcha, iremos descubriendo nuevas variables que podremos probar y crear nuevas variaciones. Para sacarle el máximo provecho al *split testing*, conviene tener algunos datos de conversión de la versión de control. Mide tus ratios de *opt-in*, tus ratios de click en un botón, el ratio de productos agregados al carrito, el número de solicitudes de contacto y todos los elementos de conversión que te interesen. Luego que tengas estos datos de la versión de control, comienza con los *tests*.

Plazo de tiempo: El momento y duración de los *split tests* es importante. Un *split test* debe tener una fecha de inicio y de fin. Dependiendo del tráfico que generemos durante el *split test*, podría durar un par de días, una semana o un mes. Si se encuentra dentro de tus posibilidades, intenta que cada *split test* dure alrededor de una semana. Si tu negocio depende de las temporadas, deberás ajustarte a ellas. Te recomiendo que hagas *split tests* en simultáneo y no esperes semanas o meses diferentes para realizar comparaciones, porque el tráfico y respuesta podría variar mucho de una semana a otra (según la temporada) y esto podría contaminar tus resultados. Es importante que el *split test* tenga la duración correcta, ya que, acabar un *split test* antes de tener datos realmente significativos, puede hacernos tomar decisiones erradas, mientras que, dejarlo más tiempo del necesario, podría hacer que intervengan otros factores que no estemos controlando y que podrían afectar los resultados.

Tráfico: Obviamente, sin tráfico, es imposible hacer *split tests*. No hace falta demasiado tráfico, pero es importante que, como verás en el siguiente punto, tu tráfico te permita obtener una significación estadística en la que puedas confiar. Debemos invertir en campañas de Google Adwords, Facebook Ads, etc., mientras estemos haciendo nuestros tests. Dependiendo de tu modelo de negocio y sector del mercado, te recomiendo que generes un mínimo de 500 conversiones por cada test, para que puedas tener mayor confianza en el resultado. Así que, si tu página de control está generando, por ejemplo, un 20% de ratio de conversión en suscriptores, entonces necesitarás alrededor de 2.500 visitas en cada variación de tu test. Si estás haciendo una prueba A/B/C, entonces necesitarás alrededor de 7.500 visitas en total.

Significación estadística: Cuando realizamos *split tests*, hay un cierto porcentaje de los resultados que debemos atribuírselo al azar y a otros factores que no controlamos y que desconocemos. Los seres humanos somos muy complejos y entran en juego muchos elementos subjetivos de cada persona, que rompen con todas las reglas y buenas prácticas en los negocios. No podemos permitir que esta subjetividad afecte nuestros *tests*. Si una variación de un test genera 34% de conversión y la otra genera 39%, la diferencia es demasiado pequeña como para considerarla estadísticamente significativa. Aunque existe una fórmula muy compleja para calcular la significación estadística, existen herramientas que te hacen el cálculo automáticamente para que puedas saber si debes confiar en los resultados o si debes seguir testando. En el área de recursos del libro, comparto contigo una de ellas.

Software de medición: Aunque hay métodos "artesanales" para hacer *split tests* sin tener que recurrir a ningún *software*, lo ideal es invertir en uno que te ayude a hacer el trabajo más rápido, fácil y efectivo. La idea de los *split tests* es probar, en simultáneo, dos o más versiones de los elementos de conversión que queramos. Para esto, necesitamos un software que automáticamente intercambie las diferentes variaciones que verán los visitantes, para evitarnos tener que hacerlo manualmente. Sin importar cuál utilices, es importante que el *software* se encargue de dividir el tráfico en la proporción que tú elijas, por ejemplo: 50% del tráfico a la variación "A" - 50% del tráfico a la variación "B"; 33% del tráfico a la variación "A"- 33% del tráfico a la variación "B"- 33%, del tráfico a la variación "C", etc. Lo ideal es que el mismo *software* se encargue de medir la conversión de cada variación y recopile los datos de los resultados.

El Test: Este es el protagonista de todo y depende de los otros elementos para que pueda realizarse correctamente. Debemos decidir si una simple prueba A/B es lo que necesitamos, o quizá, un test multivariable nos arrojará resultados más rápidamente. Define tu estrategia de *testing* según tu modelo de negocio y pruébalo absolutamente todo. Esto es sumamente importante y por eso lo he repetido tanto. Quejarnos de que nuestro sitio web no convierte como nos gustaría, pero no haber hecho (y documentado) docenas de *split tests*, es una queja sin sentido.

Evaluación de resultados: Parte del éxito en el *split testing* es estudiar con detalle los datos que arrojan nuestras pruebas. Debemos comprender los números y descifrar lo que nos intentan decir. Un aumento en las conversiones de una variación del test, no necesariamente nos indica que debamos mantener esa versión. Debemos analizar los otros elementos que te he mencionado anteriormente, entender los resultados según la cantidad de tráfico generado, el tipo de público conseguido a través de ese tráfico, evaluar si el resultado es estadísticamente significativo, documentar los días y horas en los que se realizó el test, etc. No debemos basarnos únicamente en los números de la herramienta de *split tests* que estemos usando, sino que también debemos usar nuestra lógica, observación y comparación para determinar si podemos confiar en los resultados y hacer que el cambio sea permanente.

Estos son los diferentes elementos que entran en juego cuando hacemos *tests* de conversiones. Seguramente encontrarás otros con la experiencia, pero comienza con estos y piensa en cada uno de ellos cuando decidas realizar tus pruebas.

PRUEBAS A/B VS. PRUEBAS MULTIVARIABLES

Existen muchas maneras de hacer *testing* y por lo general, muchos emprendedores lo hacen de forma aleatoria, poco organizada y sin tomar en cuenta que, al hacer un cambio, están perjudicando las conversiones por otro lado.

El error más común que se suele cometer es hacer muchos cambios en simultáneo, haciendo que se vuelva muy difícil interpretar los resultados obtenidos por no saber exactamente qué fue lo que causó el impacto. Si decides cambiar el titular de tu página de aterrizaje, cambiar el color del texto y cambiar el texto del botón del llamado a la acción, ¿Cómo sabrás cuál/es de estos cambios afectó tus conversiones?

No siempre es malo llevarlo a cabo de esa manera (como te explicaré más adelante), pero hay otras formas de hacerlo.

Cuando realizamos *Split tests*, podemos hacerlo a través de dos formas principales, cada una con sus ventajas y desventajas, cada una en su momento y su lugar.

Las dos formas de *split testing* que quiero que conozcas, con:

PRUEBAS A/B

También conocidas como Tests Univariables o Tests Monovariables, en este tipo de pruebas se selecciona un único elemento a probar, una única variable y se pone a competir con otras variaciones del mismo elemento para ver cuál genera mejores resultados.

Supongamos que quieres saber cuál color de fondo genera mejores conversiones; comienzas a partir de una versión de control (la versión "A") que puede ser tu versión original o una de las nuevas hipótesis que te has planteado y creas una segunda variación del fondo (la versión "B") y pruebas cuál genera mejores resultados.

Es importante recalcar que la versión "B" solo debe tener un elemento diferente a la versión "A" (no varios). Se le llama "A/B" porque comparamos una versión "A" con una versión "B".

Sin embargo, un *split test* A/B puede ser perfectamente un *split test* A/B/C/D, etc. Por ejemplo, podemos probar tres fondos diferentes en simultaneo y esto haría que tengamos una prueba A/B/C. Lo que no podemos hacer es tener una versión "A" con un color de fondo y una versión "B" con otro color de fondo y además, un titular diferente o llamado a la acción diferente. Esto ya no sería un *split test* A/B porque estaríamos probando varios elementos diferentes (el fondo, el titular y el llamado a la acción).

La desventaja de este tipo de tests, es que requiere de un mayor tiempo y esfuerzo, porque solo podemos probar un único elemento en simultáneo. Sin embargo, los resultados suelen ser mucho más reveladores y precisos.

Para agilizar el proceso, podríamos realizar varias pruebas A/B en simultáneo con elementos diferentes. En este caso, lo que tendríamos que hacer es separarlas en grupos. Si queremos probar varios elementos en el menor tiempo posible, podemos crear varios clones diferentes de nuestra web o página de aterrizaje y agruparlas por elementos a probar. Veamos un ejemplo de esto:

En el primer grupo queremos probar el titular. Tendremos nuestra versión "A" que será el control y la versión "B" con un titular diferente. Es lo único que cambia entre ambas. Enviaremos tráfico hacia esas dos versiones y mediremos resultados.

En el segundo grupo queremos probar el llamado a la acción. Tendremos nuestra versión "A" que será el control, y la versión "B" con un llamado a la acción diferente. Es lo único que cambia entre ambas. Enviaremos tráfico hacia esas dos versiones y mediremos resultados.

En el tercer grupo queremos probar una imagen ilustrativa. Tendremos nuestra versión "A" que será el control, y la versión "B" con una imagen diferente. Es lo único que cambia entre ambas. Enviaremos tráfico hacia esas dos versiones y mediremos resultados.

A través de esos 6 clones que hemos creado de nuestra página de aterrizaje, podremos probar el titular, el llamado a la acción y la imagen ilustrativa, todo en simultáneo, pero sin romper la regla monoviarable de este tipo de *split tests*.

PRUEBAS MULTIVARIABLES

A diferencia de las pruebas A/B, en este tipo de tests sí podemos probar varios elementos en simultáneo. Partimos de una hipótesis inicial con varios elementos que consideramos que podrían aumentar nuestras conversiones y hacemos los cambios, todos en simultáneo, para comparar los resultados con la página original.

En las pruebas multivariables podemos probar al mismo tiempo el titular, una imagen ilustrativa, los llamados a la acción, etc. Este tipo de pruebas suele generar resultados más rápidamente, pero como realizamos varios cambios en simultáneo, nunca sabremos a ciencia cierta cuál fue el elemento que ayudó a aumentar las conversiones. También, es posible que un cambio sea beneficioso para las conversiones mientras que otros, las perjudiquen terriblemente, quedándonos con resultados contaminados y sin tener idea qué fue lo que lo causó.

Generalmente, los emprendedores suelen hacer pruebas multivariables sin estar conscientes de ello. A esto se le llama comúnmente "rediseñar la web". Cuando un emprendedor no está conforme con los resultados que ha estado obteniendo, decide rediseñar la web por completo, esperando que las cosas mejoren. Aunque esto no tiene nada de malo, con el CRO, la idea es que el proceso sea mucho más específico y científico. Debemos conocer nuestras métricas de la versión de control, definir las variaciones del *test*, medir los resultados y compararlos con nuestra versión original, siempre teniendo la posibilidad de volver a ella en caso de que los cambios sean perjudiciales.

Entre ambas, las pruebas A/B suelen ser mucho más efectivas para determinar lo que mejor convierte en nuestro sitio web. Suelen requerir más trabajo y el resultado se consigue mucho más lento que con las pruebas multivariables, pero son mucho más confiables.

Yo te recomiendo que planifiques todas tus acciones de *testing* basándote en las pruebas A/B. Tus resultados serán mucho más certeros y, aunque necesitarás más tráfico y algo más de tiempo, la recompensa será mucho mejor.

Con las pruebas A/B conocerás perfectamente los pequeños detalles que hacen grandes diferencias. Sabrás muy bien qué es lo que más seduce a tus visitantes y lo que más los incita a tomar acción.

21 *SPLIT TESTS* QUE DEBES REALIZAR DENTRO Y FUERA DE TU SITIO WEB

Existen un sinnúmero de elementos que podemos testar en nuestro negocio. La idea es que pruebes absolutamente todo lo que pueda afectar tus conversiones.

A continuación, te mencionaré 21 *split tests* que podrás realizar dentro y fuera de tu sitio web:

1.- Titulares: Prueba diferentes titulares que transmitan diferentes emociones. Prueba titulares que se concentren en el dolor del visitante y otros que se concentren en el beneficio o placer que el visitante busca. No te conformes con dos o tres titulares. Los mejores resultados se obtienen luego de probar al menos 10 titulares diferentes.

2.- Imágenes: Además de probar imágenes diferentes, prueba con diferentes tamaños, diferentes formatos, alternar entre fotos e ilustraciones, etc. También, prueba colocar imágenes en ciertas partes de tu web vs. no ponerlas. Prueba usar imágenes en tus emails vs. no usarlas. Prueba con fotos de personas, de animales, de objetos, etc. Con el pasar del tiempo, llegarás a una fórmula que funcione perfectamente para ti y tu negocio.

3.- Vídeos: Alternar entre imágenes y vídeos es de por si un buen *split test*. También, prueba diferentes versiones de un vídeo, algunos con una voz narrando mientras imágenes ilustrativas se van mostrando, otros hablándole directamente a la cámara e inclusive puedes probar (si tu modelo de negocio lo permite) hacer vídeos graciosos y entretenidos para ver si tienen un buen impacto en el público.

4.- Botones: Los de llamado a la acción, los de compra, los de contacto, etc. Prueba diferentes formas, tamaños, colores, textos dentro del botón, posición en la página y cualquier otra variación que se te ocurra. Prueba botones de puntas cuadradas, puntas redondas, con sombras, sin sombras y todo lo que tu imaginación te permita.

5.- Llamados a la acción: Crea diferentes llamados a la acción para un mismo botón o enlace. Prueba diferentes tiempos verbales, diferentes personas gramaticales, diferentes emociones. Prueba llamados a la acción cortos (de 2 o 3 palabras) y llamados a la acción más extensos.

6.- Líneas de asunto: Cuando envíes tus emails, haz siempre *split tests* con lo que coloques en el asunto para que veas cuáles tienen mejores ratios de apertura. Usa palabras que capten la curiosidad y compáralas con otras líneas de asunto que se basen más en números o hechos concretos. Prueba líneas de asunto muy cortas y otras de más de 10 palabras.

7.- Propuesta única de ventas: No creas que la propuesta única de venta que has creado funcionará sin haberla probado. Crea diferentes planteamientos de tu propuesta y ponlos a prueba. Es posible que tengas un ganador desaprovechado por no haberlo probado. Mide la respuesta de propuestas de venta más originales o arriesgadas y contrástalas con otras más tradicionales.

8.- Cabecera: Cambia los elementos que decides colocar en la cabecera del sitio o de los emails. Prueba poner los contactos vs. no tenerlos; prueba poner un logo grande, otro más pequeño o no poner ninguno. Te recomiendo que pruebes diferentes opciones hasta que encuentres una que te funcione realmente.

9.- Navegación: Intenta cambiar completamente el diseño de tu navegación. Prueba diferentes posiciones, colores, tamaños, inclusive diferentes opciones de programación del menú (desplegables, fijos, interactivos, etc.).

10.- Políticas: Prueba diferentes políticas y condiciones, juega con diferentes alternativas hasta que encuentres una combinación que sea más atractiva para tus visitantes. Cambia las políticas de envío, de devoluciones, de plazos de entrega del trabajo o producto, etc.

11.- Texto: Cambia por completo el texto de tus páginas de aterrizaje y mide la reacción de tus visitantes. También puedes probar cambiar únicamente segmentos del texto. Prueba diferentes longitudes, compara entre un texto conciso y otro más largo. Arriésgate a probar un texto mucho más arrojado y poco convencional y compáralo con el resultado que obtienes con un texto más común y conservador.

12.- Precios: Experimenta con diferentes precios para un mismo producto o servicio. Si vendes productos tangibles cuyo precio es estándar en tu sector, prueba diferentes promociones y descuentos o paquetes de productos a precios diferentes. En el último capítulo de este libro te hablaré sobre diferentes trucos que podemos utilizar con los precios para aumentar las conversiones.

13.- Diseño: Puedes probar cambiar por completo el diseño de una página de aterrizaje y ver lo que mejor funciona. No me refiero a hacer pequeños cambios, me refiero a cambiar por completo todo el aspecto visual. Deja el texto y llamados a la acción intactos, pero cambia toda la apariencia del sitio web. Te sorprenderás con los resultados.

14.- Incentivos: Recuerda que las personas necesitan un pequeño (o gran) empujón para tomar acción. Prueba varias y diferentes maneras para hacer que tus visitantes tomen acción cuanto antes. Bien sea con diferentes regalos, diferentes beneficios de valor añadido o cualquier otro bono que estimule a los potenciales clientes a tomar acción.

15.- Anuncios: Sean anuncios de Adwords, de Facebook Ads, anuncios de revistas o banners en otros sitios, haz siempre diferentes versiones, con diferentes propuestas y diferentes promesas para que determines los anuncios que te funcionan mejor.

16.- Chat en vivo: Prueba un chat que siempre esté visible Vs. otro que se active pasados X segundos. Prueba un chat que automáticamente inicie conversación con el visitante vs. otro pasivo. Prueba la ubicación del chat en la página, el diseño de la ventana de chat, el texto que los visitantes leen cuando abren el chat, etc.

17.- Testimonios: Usa diferentes formatos de testimonios (texto, audio, vídeo), prueba colocarlos en diferentes páginas y posiciones dentro de tu sitio web y analiza dónde y cuándo las opiniones de otros clientes, realmente te ayudan a cerrar más ventas. También puedes probar colocar las fotos de las personas que dan su testimonio vs. no colocarlas.

18.- Formas de pago: Ofrece diferentes opciones y destaca algunas más que otras para ver si aumenta la respuesta por parte del público. Hay casos en los que agregar pagos offline, a través de métodos tradicionales que han existido toda la vida, mucho antes de la llegada de Internet, ayuda a generar más conversiones, mientras que en otros casos, perjudica.

19.- Disponibilidad: Prueba si la escasez en la disponibilidad de tus productos o servicios aumenta las conversiones (casi siempre lo hace, pero pruébalo en tu caso). Si tienes una tienda online, prueba disminuir las unidades en stock de determinados productos. Si vendes servicios, prueba mencionar que solo hay un número de cupos o plazas disponibles. Por el contrario, prueba si colocando mucha más disponibilidad tanto de productos o servicios afecta de manera positiva la respuesta de tu público.

20.- Fechas: Tanto para el envío de emails, como para la publicación de promociones y ofertas especiales, es importante que pruebes en diferentes días y horas para que sepas cuáles tienen mejor ratio de respuesta en tu negocio. No te conformes con el estándar de tu sector (y mucho menos, de otros sectores) sino prueba constantemente qué días de la semana y a qué horas, te conviene más comunicarte con tu audiencia.

21.- Garantías: Si puedes y tu modelo de negocio lo permite, prueba con diferentes garantías. No necesariamente tendrían que ser garantías de devolución del dinero, sino que puedes probar con garantías de resultados, garantía de velocidad de entrega, etc. Ofrece promesas diferentes (que puedas cumplir) y ve cuáles son más atractivas para tus clientes potenciales.

Te recuerdo: no tienes que hacer absolutamente todos estos *split tests*, pero te recomiendo que hagas la mayoría de ellos. Tampoco te conformes solo con estos sino que prueba otros. Recuerda que un factor sumamente importante en las conversiones, son los *split tests* constantes. Saltarse esta parte sería letal para tus conversiones.

ADOPTA LA MENTALIDAD DEL *TESTING*

El *testing* es algo más que una práctica. Es una filosofía de vida profesional. Un buen profesional está constantemente mejorando y buscando maneras más efectivas y eficientes de hacer su trabajo. Esto incluye su sitio web, propuestas de venta, publicaciones e interacciones en las redes sociales, etc.

Siendo el *testing* algo tan importante, me sorprende que la gran mayoría de emprendedores jamás han hecho *split tests* y otros, que sí lo han hecho, han probado solo un par de cositas, por un par de días y luego han llegado a conclusiones absurdas con datos parciales y estadísticamente poco significativos como para creerlos. La pereza y las pocas ganas de invertir tiempo, esfuerzo y dinero en *split testing*, es lo que hace que muchos emprendedores no logren aumentar sus conversiones.

La pereza suele salir mucho más cara que los tests. Cada vez que dejamos de probar algo, estamos perdiendo dinero. Si los emprendedores se imaginaran billetes de 100$/€ quemándose en sus manos cada vez que les da pereza hacer un test, creo que serían un poco más serios con sus negocios. A menos que estés nadando en dinero con las ventas de tu negocio, entonces debes hacer *tests*.

Nadie ha dicho que lo que genera las mejores recompensas suele ser fácil y rápido. ¡Al contrario! Mientras más grande la recompensa que se quiere obtener, más grande el esfuerzo y sacrificio para poder obtenerlo.

Existen tres mandamientos que debemos seguir durante el proceso de optimización de conversión de nuestro negocio y que nos ayudarán a ver el *split testing* con la importancia que realmente tiene. Estos tres mandamientos, son:

1.- Cuestiónalo todo: Cualquier idea preconcebida que tengas, es cuestionable. Cualquier cosa que yo te pueda recomendar en este libro, es cuestionable. Cualquier resultado que hayas obtenido anteriormente, es cuestionable. No debemos dar nada por hecho, sobre todo, si no lo hemos probado de varias maneras diferentes. Existen mil formas de hacer las cosas bien y de hacerlas mal. Muchas personas confían en el primer resultado que obtienen y no se cuestionan si esa es la única y mejor manera que existe para obtener buenos resultados en el negocio. Si ves que algo les funciona a tus competidores, no asumas que te funcionará a ti. Si algo no te ha salido como esperabas, no quiere decir que eso no funcione, sino que debes cambiar la manera como lo estás haciendo hasta que encuentres una que te funcione.

2.- No te conformes: el resultado de uno o dos *tests*, no son concluyentes. Debemos continuar probando de maneras diferentes. Comienza con una hipótesis inicial y luego de conseguir los primeros resultados, plantéate otras nuevas. Practica el mandamiento anterior de cuestionártelo todo y duda de tus propios datos. El *Split testing* no se hace únicamente para probar lo que no funciona, sino también, para mejorar y optimizar lo que funciona medianamente bien y convertirlo en algo que funciona sumamente bien. Si luego de varios *tests* consigues aumentar un 5% las conversiones, sigue trabajando para conseguir un 7%, 10%, 15% más conversiones.

3.- Nunca pares: El proceso de *testing* no se hace solo cuando estamos diseñando nuestro sitio web por primera vez o cuando hemos decidido rediseñarlo. Nunca termina. Cualquier negocio que quiera mantenerse mucho tiempo en el mercado, debe adaptarse y reinventarse en innúmeras ocasiones. Si algo te funciona hoy, probablemente no seguirá funcionando de la misma manera el próximo año. Debes estar muy atento a tus datos y crear nuevas pruebas. Si practicas el mandamiento anterior de no conformarte, entonces este se te hará natural.

Le he llamado "mandamientos" a estas tres recomendaciones porque las considero obligatorias, no opcionales. Debes ponerlas en práctica y verás que los resultados serán muy satisfactorios.

CAPÍTULO 11:

Copywriting

El poder que tiene la palabra es superior a cualquier otra forma de influencia. Gracias a las palabras, se han salvado vidas, iniciado guerras, recuperado matrimonios, destruido amistades, ganado premios, creado fortunas, etc., etc., etc.

Todos usamos las palabras para comunicarnos a diario, pero pocos tienen conciencia del poder que ellas tienen.

En el caso del Marketing, las palabras se usan para persuadir y convencer a nuestro público de que lo que tenemos, les mejorará la vida. Aunque hayamos segmentado muy bien a nuestro público ideal y ellos realmente necesiten o deseen lo que nosotros les ofrecemos, es necesario enamorarlos para que finalmente tomen la decisión de comprarnos.

La técnica profesional de convencer y persuadir al público objetivo a través de la palabra, le llamamos **Copywriting.**

Aunque no existe traducción literal en español de esa palabra, le podríamos llamar: redacción persuasiva. Otras personas le suelen llamar redacción comercial. Sea como sea, siempre me referiré a ella por su nombre en inglés.

También me verás usar bastante la palabra **Copy**. Le llamamos *"copy"* al texto de nuestras comunicaciones, al contenido de texto que usamos para persuadir y convencer a nuestro público.

El *copywriting* es un arte y al mismo tiempo una ciencia y toma muchísimos años en perfeccionarse. Yo llevo estudiándolo desde el año 1999 aproximadamente y todavía me queda muchísimo por aprender y mejorar. Es imposible cubrir en un capítulo todo lo que hay que saber del tema, pero lo que te enseñaré, te hará mejor que más del 90% de tus competidores. A menos que tus competidores sean expertos en Marketing, casi ningún pequeño empresario sabe lo que es el *copywriting* y mucho menos, cómo aplicarlo. Si logras asimilar lo que te enseñaré en este capítulo y lo implementas en tu comunicación, estarás muy por delante en tu mercado y, sobre todo, aumentarás tus conversiones.

El *copywriting* lo que busca es seducir y convencer a más personas, no convencerlas a todas. De hecho, algunas técnicas que te enseñaré en este capítulo te sonarán algo descaradas, pero funcionan. El *copywriting* no intenta seducirlos a todos, sino a un mayor número de ellos. Si antes convertías 1%, el copywriting te ayudará a convertir 3%-5%. Si con estas técnicas logras convencer a un 5% más de tus visitantes, lo puedes considerar un enorme logro.

Cuando analizas el *copywriting* de una manera estructural, entendiendo todo lo que está por detrás de la redacción persuasiva, puede que sientas que todo es demasiado banal y "obvio", pero no caigas en ese error. El *copywriting* es como un truco de magia en el que, si sale todo bien, te asombras y te intriga cómo sucedió eso que acabas de ver, pero si llegaras a descubrir el truco detrás de una ilusión, te darás cuenta de que, muchas veces, se emplea una técnica bastante fácil y simple de llevar a cabo. Lo mismo pasa con el *copywriting*. Estoy seguro que tú mismo, en los últimos 90 días solamente, has sido seducido por técnicas de *copywriting* múltiples veces y seguro ni te has dado cuenta. Una vez que comprendas estas técnicas, te parecerán sumamente obvias y posiblemente, nunca más vuelvas a ver las cosas de la misma manera, porque prácticamente todo, te sonará a técnicas de *copywriting*.

Tener conciencia de ello es el primer paso que quiero ayudarte a dar. El segundo, es que lo pongas en práctica en tu negocio.

MITOS Y PRECONCEPTOS CON EL COPYWRITING

Siendo el *copy* uno de los elementos más importantes en las conversiones, son pocas, muy pocas, las personas que se dedican a hacerlo correctamente. Muchos emprendedores no desarrollan sus habilidades de redacción persuasiva por preconcepto y esto les reduce mucho las conversiones.

Primero que nada, hay que asimilar algo: estamos en el mundo de los negocios para vender, no para hacer favores. No podemos tener un negocio exitoso si no vendemos clara y directamente. No nos puede dar vergüenza vender directamente. Desde luego, la venta tiene su momento y su lugar y no estoy sugiriendo que, en todo contacto con tus clientes potenciales, intentes venderles. Esto sería un grave error. Pero cuando llega el momento y el cliente está precualificado, debemos ir a por todas.

En una de mis conferencias le pregunté a las personas de la audiencia de qué eran sus negocios. Una persona dijo *"Tengo un bufete de abogados"* otro dijo: *"soy consultor",* una señora dijo: *"tengo una tienda de artículos de decoración".* Lo curioso, es que todos dijeron lo que hacían o el sector en el que estaban, pero no dijeron con claridad lo que está por detrás de sus negocios. Ninguno de ellos respondió: *"tengo un negocio de marketing de servicios legales", "tengo un negocio de marketing de servicios de consultoría", "tengo un negocio de marketing de artículos de decoración".*

Absolutamente todos estamos en el negocio del marketing. Inclusive los médicos están en el negocio del marketing de los servicios para la salud y el bienestar. Nuestro objetivo como empresarios es darle valor a nuestro público y cobrarles por ello, pero para que ellos quieran darnos su dinero a nosotros y no a la competencia, debemos enamorarlos.

¿Suena obvio? Pocos emprendedores quieren asumirlo frontalmente.

Algunos de los preconceptos más comunes que he escuchado cuando enseño técnicas de persuasión y redacción comercial, son:

"Solo los tontos caen en esas tonterías psicológicas": Cuando el *copy* está bien hecho y las personas no están pensando conscientemente en las técnicas que estamos usando, no hay que ser tonto ni genio para ser influenciado por técnicas de persuasión. La persuasión ejerce un efecto emocional, igual que los libros y las películas. Si solo los tontos cayeran en esas "tonterías", entonces ningún genio lloraría con una película romántica ni se asustaría con una película de terror. El Marketing es psicología y hay que saber tocar los puntos correctos en la mente de las personas para que vean las cosas de la manera como queremos y para incitarlos a tomar acción. No hay que hablarles como tontos para qué esto funcione, solo hay que saber hablarles en su idioma, adaptar la comunicación a lo que a ellos los toca mentalmente. Desde luego que no todos podrán ser persuadidos con nuestras técnicas, pero ese no es el objetivo que estamos buscando; queremos persuadir entre un 5% y 10% de nuestros clientes potenciales, no al 100%

"Hacer eso es manipular a las personas y manipular es malo": La persuasión y la manipulación son dos cosas diferentes. La manipulación suele valerse de la mentira, intimidación y otras técnicas muy nocivas, mientras que la persuasión, se basa en hechos y argumentos para cambiar el pensamiento de las personas. Tú vendes algo de valor para tu público ¿Cierto? pero tu público no le ve el mismo valor que tú le ves y debes convencerlos. Te valdrás de sus propios preconceptos, temores, dolores, deseos, sueños y necesidades para mostrarles que lo que tú tienes les mejorará la vida. He escuchado algunas personas decir: *"Yo no voy a persuadir a nadie; yo dejo que la calidad de mi producto hable por mí"* y desde luego, estas personas están quebradas y no acaban de entender por qué sus clientes potenciales no les compran. Todos necesitamos ser persuadidos de alguna forma, algunos más que otros, tanto en el plano personal como en el profesional. La persuasión consiste en ofrecer argumentos suficientemente válidos como para que la otra persona, comience a ver las cosas de la misma manera que nosotros las vemos.

"Esas son técnicas de vendedores de coches usados": La terrible fama de los vendedores de coches usados se ha creado a través muchos años de malas prácticas por parte de estos profesionales y su habitual uso de mentiras, exageraciones y ocultamiento de información importante para los compradores. Nada de eso es persuasión. Sin embargo, debes ser frontal y venderles directamente a tus visitantes. Presentarles una propuesta y decirles: *"piénsatelo y luego me dices"* no es vender. Eso es una manera demasiado tímida y pasiva de intentar vender. De hecho, eso no comunica para nada el valor de una propuesta. Cualquier persona que esté en el mundo de los negocios y no se sienta cómodo vendiendo por miedo a que lo vean como un "vende-motos" (como se le dice en España), entonces lo pasará muy mal. Vende con ética, respeto y educación, pero cuando te toque cerrar una venta, se totalmente frontal, sin ninguna vergüenza de serlo,.

"Necesito ser muy bueno en redacción y no se me da bien": Un buen *copy* debe ser escrito en un lenguaje claro, simple y cercano. Obviamente, debe cumplir con las reglas esenciales de ortografía y gramática, pero no tiene que ser una redacción típica de un erudito literario ¡al contrario! debe ser como una conversación con un amigo. El visitante tiene que leer tus textos como que si está escuchando tu voz o la de alguien de tu empresa, debe sentir que estás allí con él, hablándole de manera individual, en vez de hablándole a todos los visitantes del sitio. Si sabes vender tu producto de manera oral, entonces saber redactar lo suficientemente bien como para hacer *copywriting*. Si consideras que tu ortografía o gramática deja mucho que desear, eso se resuelve pidiéndole a alguien (amigo o profesional) que corrija tus textos para que no haya errores. Eso acabará con tu preocupación si no te sientes cómodo redactando.

Existen muchos otros preconceptos, pero estos son los más comunes. No tengas miedo de vender lo que tienes, porque si no lo haces, nadie se dará cuenta del valor de lo que estás ofreciendo. Con la práctica te volverás mucho mejor, más natural y eso se notará en tus ingresos.

PRINCIPIOS DE LA INFLUENCIA 2.0

Cuando hablamos de influencia, uno de los trabajos más citados es el del Dr. Robert Cialidini. En su libro "Influencia: La psicología de la persuasión" El Dr. Cialidini menciona 6 elementos bases para persuadir a las personas. Estos elementos son:

Reciprocidad

Compromiso

Prueba Social

Autoridad

Afinidad

Escasez

Estos principios de persuasión son universales y funcionan muy bien cuando se ponen en práctica dentro del contexto correcto y en las condiciones correctas.

El Internet que estamos teniendo y viviendo actualmente, ha cambiado un poco las reglas del juego y aunque no le ha quitado importancia a estos elementos de persuasión que sugiere el Dr. Ciadlini, sí que ha hecho que tengamos que adaptarlos al nuevo sistema de pensamiento de los consumidores *online*. Es por esto que te hablaré de la **influencia 2.0**, basándome en los principios de la influencia de Cialdini, pero adaptándolos al mundo del *marketing online*.

Uno de los cambios que considero importante mencionar es de la **Reciprocidad**. El principio de la reciprocidad se basa en hacer algo por los demás para que ellos, de alguna forma, se sientan inclinados a hacer algo por nosotros. Esto suele funcionar muy bien en determinados momentos, pero cuando hablamos del Marketing, las personas saben que lo que hacemos por ellos, lo hacemos para intentar venderles. ¡Y tienen razón! Ese regalo o contenido gratuito que les damos para meterlos en nuestro embudo de marketing tiene como objetivo cautivarlos para que luego nos compren. Los consumidores lo saben y cada vez menos personas suelen ser recíprocas ante este tipo de acciones. Para que realmente haya un sentido de reciprocidad por parte del público objetivo, debemos darles mucho más que tan solo un regalo; si además les ofrecemos un trato bastante cercano y personalizado, asignándoles desde antes de comprarnos a una persona que se encargará de acompañarlos, asesorarlos y guiarles en su decisión de compra, entonces la reciprocidad podría funcionar, porque dejaría ser de cliente potencial a empresa y pasaría a ser de cliente potencial a persona de la empresa que lo ha acompañado y ayudado a tomar la mejor decisión.

El otro que principio que es importante adaptar actualmente es el del **Compromiso**. Este principio se basa en que, si una persona se compromete de alguna manera con nosotros, bien sea a través de la promesa de una acción o a través de algo tan simple como decirnos lo que quiere y necesita, querrá mantener su palabra para no quedar mal delante de nosotros. En el contexto de las ventas y el marketing online, eso no funciona como antes. Las personas dicen que harán algo y luego no lo hacen y poco les importa dejarnos colgados. Esto puede que sea diferente en otras culturas, pero en la cultura hispana es muy común que, aun fuera del contexto del marketing y las ventas, las personas digan que harán algo, generalmente para ser simpáticas y luego, a última hora, cancelan lo que sea con lo que se habían comprometido. Para que en el mundo digital el principio del compromiso pueda funcionar, debemos conseguir que el visitante vaya haciendo varios micro-compromisos, con nosotros y con él mismo, para que luego sea más fácil hacer que se comprometa con algo más significativo. Por ejemplo: Conseguir que el cliente nos responda a un email en el que le hicimos una pregunta; conseguir que el cliente realice un pequeño *quiz* o *test* para conocerlo mejor; conseguir que el cliente se reúna con nosotros, etc.

El siguiente principio es el de **Prueba Social** y no solamente sigue siendo válido en la era de Internet, sino que cada vez tiene más importancia. Lo que los demás piensen y opinen de nosotros tiene un peso en nuestra capacidad de ejercer influencia. Es muy probable que si un amigo (o un total desconocido de Internet) le haya dicho a uno de nuestros clientes potenciales que nuestro producto es bueno, estén más propensos a comprarnos. Aunque ese cliente potencial aún no tenga ningún tipo de experiencia con nosotros, la recomendación de otras personas le hace confiar un poco más y son más influenciables. Debemos conseguir que otras personas hablen por nosotros y debemos mostrárselo a nuestros clientes potencias, para que cuando llegue el momento de cerrar la venta, sean más propensos a decirnos que sí.

Pasando al próximo principio, el de la **autoridad,** es importante entender y aceptar que las personas son más influenciables por aquellas que ellos admiran, respetan y ven como una autoridad en su sector. Es posible que la autoridad la consiga la empresa en sí en vez de una persona de la empresa, pero para los pequeños empresarios, es mucho más fácil y mucho más barato, conseguir que la autoridad la tenga una persona y no una figura corporativa. Si te conviertes en una autoridad en tu sector, lograrás influenciar a las personas más fácilmente.

Cuando se habla de **Afinidad** en el contexto de la persuasión, nos referimos a que las personas suelen ser más abiertas y propensas a actuar si quien les habla, es similar o compatible con la forma de pensar y de actuar que ellos tienen. El público objetivo debe sentirse identificado, atraído y cautivado por quien les habla y si has identificado muy bien al tipo de público que más te conviene, entonces sabrás muy bien lo que los seduce, lo que los cautiva y podrás hablarles en su lenguaje, para crear en ellos esa afinidad que te abrirá muchas puertas.

El último de los principios de la influencia del Dr. Cialdini es uno de los más importantes en la era de Internet: **La escasez**. Actualmente tenemos tantas opciones y tanta abundancia de todo lo que necesitamos, que perdemos la noción del valor de ciertas cosas. Cuando el público objetivo sabe que tiene el mundo a sus pies y a la distancia de un click, se nos complica mucho la vida a nosotros los empresarios a la hora de querer llamar su atención y hacer que tomen acción inmediata. Aunque existe una gran abundancia de todo lo que necesitamos, las personas siguen temiéndole a la posibilidad de perderse algo y por esto es que es tan común y tan efectivo que los descuentos, promociones, regalos, incentivos, etc. tengan fecha de caducidad. Cuando el tiempo se agota, las personas entran en una especie de micro-pánico y salen corriendo a comprar cuando aquello que vendes, realmente les interesa. Así que limitarles las opciones, las cantidades y los plazos, suele ejercer influencia sobre el público.

Estos son los principios de influencia que sugiere el Dr. Cialidini y que, adaptándolos al mundo actual, siguen funcionando muy bien dentro del contexto del marketing online.

A continuación, te mencionaré otros principios que también juegan un papel muy importante en la capacidad de influenciar a las personas:

Repetición: Mientras más nos vean nuestros clientes potenciales y más veces se expongan a nuestro mensaje, más fácil será ejercer influencia sobre ellos. La repetición crea familiaridad y la familiaridad nos hace ganar puntos adicionales. Todo aquello que vemos con frecuencia, se nos hace conocido y no debemos olvidar que las personas son más reacias ante lo bueno desconocido, que ante lo malo conocido. Con esto no quiero decir que siendo malo y conocido podrás influenciar fácilmente a los demás, pero partiendo del hecho de que lo que ofreces es bueno y de utilidad para tu público, al volverte familiar delante de ellos, tendrás gran parte del camino de la influencia recorrido.

Omnipresencia: Debemos estar en todas partes. Para crear un buen posicionamiento de marca y favorecer a las conversiones, debemos permitir que nuestros visitantes nos vean en diferentes medios. Recuerda que muy pocas personas comprarán en la primera visita a tu web. Si además de verte en tu sitio web, te ven en YouTube, en Facebook, en Twitter, en LinkedIn, te escuchan ser entrevistado en un podcast en iTunes, te ven en una entrevista en la televisión, etc., etc., etc., habrás conseguido esa omnipresencia que se busca. No debes ni podrás hacerlo de la noche a la mañana, pero poco a poco debes ir creándote esta omnipresencia.

Humanidad: Hoy en día, casi nadie quiere hablar con empresas. Las personas quieren hablar con personas de carne y hueso y quieren recibir un trato personal. Desde luego, debe haber un equilibrio entre la humanidad y la pericia (porque al final, tu cliente potencial quiere contratar al buen profesional, no solo al buen ser humano). Si muestras tu lado humano, tu vulnerabilidad, lo que hace que brillen tus ojos, tus decepciones, tus sueños, etc., habrás quebrado una barrera que muchas empresas no logran quebrar y te habrás convertido en humano delante de los ojos de tus clientes potenciales. Esto es sumamente poderoso en la influencia.

Empatía: Cuando les mostramos y demostramos a nuestros clientes potenciales que nos hemos puesto en sus zapatos y entendemos perfectamente lo que sienten y lo que quieren, les transmitimos una sensación de alivio y de seguridad. Las personas quieren ser escuchadas, comprendidas y quieren que actuemos en base a lo que comprendemos de su situación. Todos quieren sentirse especiales y debemos mostrarles que lo son para nosotros. Lo bueno es que la gran mayoría de las personas en tu público tendrán características muy similares y no tienes que adaptarte a cada una de ellas, sino a todos ellos como grupo (con sus variaciones de persona en persona). Si has definido correctamente a tu cliente ideal, hablarle a una persona en particular, será como hablarles a todos.

Sorpresa: Hacer algo que las personas no se esperaban, ayuda a que se fijen en nosotros y nos recordarán mejor. Cuando las personas se acostumbran a algo, comienzan a ignorarlo, lo dan por hecho y no les llama más la atención, pero si quebramos el patrón de las cosas y hacemos algo diferente, las personas lo notarán y se sentirán atraídos (o al menos interesados) por lo que los haya sorprendido. Si tu modelo de negocio lo permite, puedes inclusive ser chocante o polémico para tomar por sorpresa a tu público objetivo. La gente se siente sumamente atraída por el conflicto y la polémica, así que, aviva su llama dándoles algo de qué hablar. No tengas miedo de ser arrojado. Está claro que ahuyentarás a algunos, pero atraerás a muchos otros. Sea como sea, sorprende a tu público y haz algo por ellos que no se esperaban.

Si te atreves a poner en práctica los principios de la influencia del Dr. Cialdini y estos que te acabo de mencionar, te volverás una figura sumamente influyente dentro de tu sector. Tengo plena conciencia de que la mayoría de emprendedores que han leído esto, no tendrán el valor de ponerlo en práctica de manera premeditada, pero es únicamente porque olvidan que tienen un producto que realmente le aporta valor al público y que, al ejercer influencia sobre ellos, les están causando un beneficio, no un daño de ninguna forma.

RECOMENDACIONES PARA ESCRIBIR UN BUEN *COPY*

Como te mencioné al inicio de este capítulo, el *copywriting* es algo que se aprende a lo largo de muchos años, pero solo siguiendo las recomendaciones que te daré a continuación, serás mejor *copywriter* que la gran mayoría de tus competidores:

Utiliza verbos y palabras que denoten emociones: Siempre que puedas, cambia las palabras frías que estés usando actualmente y substitúyelas por otras que denoten emociones. Hay emprendedores que no siguen este consejo por miedo a sentirse ridículos o a ser percibidos como cursis, pero no caigas en ese error y sigue esta recomendación. Lo que buscamos es que el visitante sienta, no que razone. Su decisión de compra se realizará en un plano emocional y luego su parte lógica buscará pretextos que respalden su decisión. Cuando aumenta la emoción, disminuye la lógica y eso es lo que queremos causar en nuestro público objetivo. Pinta con palabras la sensación y emoción que ellos buscan al comprar tu producto o servicio.

Evita el lenguaje corporativo: Recuerda que quieres cautivar a un ser humano. Aun si tus clientes son empresas, será un ser humano (o varios) el que tome la decisión de compra. El lenguaje corporativo se debe dejar para unas escasas excepciones y estoy casi seguro de que ni tú, ni ninguna de las personas que está leyendo este libro, se encuentra dentro de una de esas excepciones. Frases como: *"somos una empresa líder del sector. Nuestra misión es la de satisfacer a nuestros clientes y ofrecer un servicio de vanguardia con unos niveles de calidad sobresalientes para..."* bla, bla, ...zzz, ...zzz. Eso un lenguaje con el que nadie se siente identificado ni cautivado. Tu *copy* no puede sonar a anuncio publicitario de los años 90 porque las personas se cierran ante las comunicaciones que suenan a lenguaje corporativo. Más bien, queremos que nuestro texto se parezca más a una conversación, comentario de un amigo o inclusive contenido editorial en vez de publicitario. Háblale al público como le hablarías a un amigo a quien respetas y que te interesa. Esto causará un impacto positivo en la mente de la audiencia.

No uses superlativos: Evita a toda costa "el más", "el mejor", "el superiorsísimo", etc. Aunque sean ciertos, las personas no los creen y se les dispara el instinto escéptico. Si son ciertos y quieres que las personas los crean, tendrás que presentar pruebas de mucho peso. Si tu competencia usa superlativos en su comunicación, deja que pasen la vergüenza ellos, no tú. No intentes copiar el lenguaje ridículo que usen otras empresas de la competencia y marca la diferencia con un estilo único y propio. Existen muchas maneras de demostrar superioridad sin tener que recurrir a los superlativos y una de esas maneras es a través del uso de testimonios de tus actuales clientes. Si ellos usan superlativos cuando hablen de tu empresa o tu producto, sonará muy distinto a que si los usas tú mismo. En ese caso, lo que deberás cuidar, es que el testimonio sea creíble y que no sea percibido como algo que te has inventado para engañar a la gente.

Escribe como hablas: No uses gramática de texto porque no estás escribiendo una novela ni un ensayo con el que quieres ganar un premio nobel de literatura. Escribe lo más parecido posible a la comunicación oral. Este es el gran secreto de un buen *copy* que persuade al visitante. Cuando salimos del plano estrictamente profesional y hablamos en un tono más cercano y personal, desarmamos al lector y cuando este baja la guardia, es más propenso a dejarse llevar por impulsos. Esta es una de las razones por la que los blogs son tan poderosos para vender, porque se suelen escribir en el tono personal del autor y el lector siente que un amigo o conocido, le está hablando directamente a él.

Habla del visitante más de lo que hablas de tu empresa: La palabra más poderosa en el *copywriting* es: "Tú". Habla 80% de tu cliente y 20% de tu empresa. La gran mayoría de sitios web que existen están llenos de "yo", "nosotros", "yo", "nosotros", "yo", "nosotros" y esto es un grave error. Este tipo de sitios web son como aquel pesado en una fiesta que solo habla de sí mismo y no deja hablar a los demás. Háblale al visitante de lo que él siente, de lo que quiere, de lo que recibirá, de lo que conseguirá. Haz que él sea el protagonista en la comunicación y tu empresa sea tan solo un actor de reparto. Hay algo mágico cuando nos hablan de nosotros, cuando se refieren a lo que sentimos o queremos. Aprovéchalo para seducir a tus clientes potenciales.

Añádele personalidad al texto: Si conoces a tu audiencia como la palma de tu mano (y si no la conoces, es porque no has puesto en práctica lo que te enseñé en el capítulo 2) habrás creado un negocio con personalidad atrayente para tu público. Esta personalidad debe tener una voz y un tono que le agrade a las personas que necesitan o quieren tu producto. Tu texto debe reflejar la personalidad, estilo de vida, mentalidad, filosofía, etc. de tus clientes ideales. Sea cual sea la personalidad que elijas transmitir, asegúrate que queda plasmada en tu *copy*.

Para cerrar estos consejos, quiero contarte algo que me enseñó uno de mis maestros de *copywriting*, **Joel Roberts**. En tu *copy* debe existir un equilibrio entre:

> **Problemas Vs. Soluciones**
>
> **Tu lado humano Vs. tu pericia profesional.**
>
> **Tú Vs. tu competencia**
>
> **Lenguaje concreto Vs. lenguaje abstracto**

Al incluir este contraste de elementos en la redacción de tu sitio web, lograrás cautivar mucho más rápidamente al lector y el *copy* se transformará en un arma de seducción, porque le darás mayor profundidad a tu personaje (tu producto o tu empresa).

ELEMENTOS DEL *COPY*

Una de las maneras más rápidas de aprender a hacer *copywriting* de forma efectiva, es siguiendo una fórmula. Todos los textos publicitarios siguen un formato y se componen de los mismos elementos para persuadir al público.

Todos los elementos que te mencionaré a continuación deben incluirse en tu *copy*. Puede ser a través de una extensa carta de ventas de más de 1000 palabras o a través de un pequeño párrafo en la descripción de un producto de una tienda virtual. No importa la extensión del texto (de hecho, te recomiendo que hagas *split tests* probando diferentes tamaños de *copy*) deben estar presentes para que persuadan a tu público.

Veamos a continuación estos elementos que todo texto comercial debe contener:

El dolor del visitante: Parte de nuestro trabajo es recordarle al visitante su dolor y lo terrible que es su vida con ese sufrimiento. Debemos despertar e intensificar la conciencia de que necesitan solucionar o satisfacer algo. Tenemos que presentarles hechos, pruebas, ejemplos, estudios, etc., que comprueben que su dolor es real y muy latente. Aunque utilizo la palabra "dolor", esto se aplica a la necesidad, deseo, frustración o problema de nuestro cliente potencial. Cuando mencionamos esto en nuestro *copy*, no nos limitaremos simplemente a "mencionarlo", debemos ser directos y presionar los puntos de dolor correctos, poniendo el dedo en la llaga y retorcerlo para producir más sufrimiento. Es un arte conseguir un equilibrio entre la efectividad y el sensacionalismo para que el cliente no note cierto sadismo de nuestra parte, pero con la práctica y mucho conocimiento de nuestro público objetivo, lo conseguiremos.

La razón de la existencia del dolor: El dolor y el sufrimiento de tu cliente potencial no es nuevo. Otras personas han sufrido lo mismo que él sufre actualmente y es un problema que persiste. Debes mencionarle a tu cliente potencial la razón, preséntale argumentos que mencionen los fallos de otras empresas de la competencia y la carencia de otros productos o servicios existentes en el mercado (no hace falta que menciones nombres; deja que tus visitantes rellenen los espacios en blanco en sus mentes). Créales en su mente una posición de "nosotros contra ellos", haz que se sientan comprendidos y sugiéreles que la culpa es de las demás empresas del mercado que no han sabido comprender su dolor.

Esperanza sobre un final feliz: Debes llenar de esperanza e ilusión a tu cliente potencial para que vea que existe una luz al final del camino y que no todo está perdido. Aquí es muy útil utilizar el testimonio de otras personas que han pasado por situaciones parecidas a las de tu cliente potencial, donde cuenten cómo era su vida antes de usar tu producto/servicio (era igual de miserable que la vida actual de tus visitantes) y cómo es su vida ahora después de haberlo usarlo (mucho mejor que la vida actual de tus visitantes). Si tus clientes potenciales sienten que su problema no tiene solución, jamás querrán comprarte, así que, es importante que sientan que existe vida después de la muerte para que actúen en base a ello.

Argumentos de *"por qué yo en vez de mi competencia":* Parte de la fórmula del *copywriting* es demostrar lo que nos hace merecedores del dinero de nuestros clientes. Debes hablar un poco de tu experiencia (o la de tu empresa) y lo que has hecho o has pasado para llegar al nivel de conocimientos y experiencia que posees actualmente. No caigas en el error de extenderte demasiado en esta parte, ya que, solo necesitas mencionar lo más importante y lo que realmente cautivará y convencerá a tu público de que eres la persona (o empresa) correcta. Ofrecer pruebas que te avalen, inclusive si solo son testimonios de otras personas, les da tranquilidad a los clientes potenciales. Además, en esta parte, es donde sacamos los trapos sucios de la competencia (no hace falta mencionar nombres) y los contrastamos con nuestra experiencia y resultados que hemos ayudado a conseguir a nuestros clientes.

Promesas que se puedan cumplir: Si tu propuesta de ventas no promete algo, entonces no estás vendiendo, estás solo informando. En las palabras de Samuel Johnson: *"la promesa es el alma de la publicidad".* Al visitante debe quedarle claro que tú tienes una solución a lo que él busca y debes prometerle que su vida será mejor luego de usar tu producto o servicio. La promesa se respalda con nuestros actos y entregando lo que prometimos, pero no se debe hacer una promesa basándonos en lo que somos capaces de ofrecer sino en lo que el cliente quiere recibir y luego hacer todo lo que esté en nuestras manos para conseguírselo. Uno de mis mentores de *copywriting* una vez me dijo: *"promete un poco más de lo que puedas dar y luego haz todo lo que sea necesario para darle al cliente lo que le prometiste".* Algunos usan la frase contraria: *"promete poco; entrega mucho",* pero eso va contra todas las leyes del *copywriting.* La frase correcta sería: *"Promete mucho; entrega mucho".*

Quiebra de objeciones: En el *copy* debemos incluir respuesta a las objeciones más importantes que hayamos descubierto que tienen nuestros clientes potenciales (basándote en lo que te expliqué en capítulos anteriores). Como dice Joel Roberts: *"Háblale al escepticismo antes de que el escepticismo te hable a ti".* Ataca los *"pero es que..."* de tus clientes potenciales y quiebra todos y cada uno de ellos en tu *copy*. Hay una pequeña fórmula que puedes seguir en este caso: *"Algunos de nuestros clientes, antes de contratarnos sintieron/pensaron que nuestro producto era [La objeción] pero luego de haberlo probado han comprobado que [El resultado favorable]".* No hace falta usar la fórmula con esas palabras exactamente, pero debes transmitir que sabes cuáles son las objeciones que tiene el visitante y que en tu caso, no tienen nada que temer.

Elementos de urgencia: Todo aquello que es abundante y eterno, carece de valor. Lo que es escaso y limitado, es lo más deseado y buscado por las personas. No permitas que tus visitantes se vayan con la idea de que lo que ofreces, estará disponible para toda la vida. Uno de los enemigos más frustrantes para nosotros los empresarios es la frase *"¡Se ve muy bueno! ¡Un día de estos lo compro!".* Ese día al que ellos se refieren, no suele llegar jamás. Haz que quieran tomar acción ahora mismo estimulando el "M.A.P.A." (Miedo A Perderse Algo). Hazles sentir que perder una buena oportunidad es peor que seguir con el problema o necesidad que tienen actualmente.

Todos estos elementos que debe incluir tu copy, puedes colocarlos en un pequeño párrafo de 10 líneas o en un texto de 1000 palabras, como quieras, pero prueba diferentes maneras y asegúrate que los usas todos o al menos, la mayoría.

MICROCOPY

Estamos en una era en la que cada vez hay menos tiempo y menos paciencia para leer una página de ventas entera. Gracias a Instagram, Pinterest e inclusive Facebook, las personas prefieren consumir fotos e imágenes antes que leer un texto. En el capítulo anterior te comenté que la gente va escaneando tu sitio en busca de titulares, subtítulos, listas numeradas, palabras en negritas y llamados a la acción. Es en esos elementos que debemos poner en práctica el *microcopy*.

El *microcopy* es, como quizá ya lo debes imaginar, un *copy* en miniatura. Pequeñas frases, de pocas palabras, que persuaden al visitante.

Mientras que menos del 5% de tus visitantes leerá todo el contenido en texto de tu sitio web, casi el 70% de tus visitantes leerán todos tus elementos de *microcopy*, así que, con estas cifras, te puedes hacer una idea de lo importante que es.

En la mayoría de ocasiones, el objetivo del *microcopy* es capturar en pocos segundos la atención de los visitantes a través de una frase corta. Esta frase es la que los invitará a seguir leyendo. Si el *microcopy* no capta su atención y despierta su curiosidad, el visitante abandonará el sitio.

Es importante conocer muy bien a nuestros usuarios y entender (a través de pruebas de *User Testing*, encuestas y entrevistas) cuáles son sus obstáculos a la hora de interactuar con nuestro sitio web. Esto nos ayudará a crear nuestro *microcopy* para que trabaje a favor de nuestras conversiones.

Recientemente leí el caso de una página de servicios que no podía publicar sus precios en la web por una cuestión de políticas con sus competidores, así que, junto a cada servicio, solía usar un llamado a la acción que decía: *"Pide un presupuesto"*. Como el tipo de público al cual atacaba, asociaba la palabra "presupuesto" a algo muy elaborado e inclusive caro, las personas se sentían intimidadas y no se atrevían a contactar para pedir el precio. Luego de que la empresa descubriera esto, cambió el llamado a la acción a: *"Conoce el precio"* y las conversiones aumentaron más del 140%. En ambos casos, el llamado a la acción era solo 3 palabras, pero la segunda versión, aumentó las conversiones considerablemente. Esta es una prueba de lo importante que es conocer muy bien a nuestros usuarios para crear un buen *microcopy*.

Te doy otro ejemplo: en uno de los nichos de mercado en los que me desenvuelvo, las personas son muy reacias a dar su email a cambio de cualquier cosa; sienten que serán bombardeados con SPAM y no les gusta dar sus datos. Para aumentar mis ratios de conversión de personas que entran a mi lista de correo, lo que hice fue cambiar la frase: *"Introduce tu email para recibir la guía"* por la frase: *"¿Dónde quieres recibir la guía?".* Con tan solo cambiar esa frase, el ratio de *opt-ins* aumentó más del 50%, porque les di una razón lógica para dar su email. En la primera frase, ellos sentían que tenían que darme su email a cambio de la información, mientras que, en la segunda, entendían que debían darme un email a donde yo podría enviarles la información que les interesa. En muchas ocasiones, las personas solo necesitan conocer el "por qué" y el "para qué" de lo que les pedimos. Esto les hace pensar más allá de que queremos venderles y se relajan un poco.

Perfeccionar el arte del *microcopy* te ayudará a conseguir muchísimas más ventas. La mejor manera de volverte un experto en la materia es escribiendo mucho, pero mucho *microcopy*. Cuando tengas que escribir un titular, prueba diez titulares diferentes; cuando tengas que escribir una llamada a la acción, prueba diez diferentes. Mientras más lo hagas, mejor lo harás y mejores resultados conseguirás.

SOBRE LAS DESCRIPCIONES DE PRODUCTOS EN UNA TIENDA VIRTUAL

La descripción de un producto en una tienda debe ir más de allá de nombrar sus características. Muchas tiendas solo se limitan describir literalmente el producto y cometen un grave error al no pintar el resultado final que el cliente quiere obtener luego de haberlo adquirido.

El *copywriting* se aplica a descripciones de productos en una tienda de la misma manera como se aplica a discursos políticos donde se quiere persuadir a millones de personas. Esto es algo que muy pocos dueños de tiendas online tienen en cuenta y pierden una gran oportunidad de vender mucho más.

La descripción de un producto debe hablarle al público objetivo en su lenguaje y destacar la emoción final que el cliente quiere sentir al usar el producto. Todos los productos tienen un uso práctico y un uso moral. El uso práctico es la parte aburrida o automática de usar algo. La parte moral, es la recompensa psicológica que siente la persona cuando lo usa. Y adivina cuál de los dos usos es el que realmente mueve al comprador... obviamente, la moral.

Veamos un ejemplo de una descripción típica de una tienda virtual de productos de moda femenina, en este caso, un vestido:

"Vestido de seda con diseño de corte asimétrico, entallado y de estampado floral. Tamaños XS, S, M y L"

Esta es la típica descripción de un producto en una tienda virtual. Habla de la tela, del estampado, del corte y poco más. Es posible que quien escriba la descripción, también incluya alguna información de las políticas de devolución, pero nada de *copywriting* en esa redacción. ¡Nada!

Una descripción hecha utilizando técnicas de *copywriting* y que causaría mucho más impacto y muchas más conversiones, sería:

"Deslízate en este hermoso vestido de estampado floral y siente la frescura de esta temporada. Mostrarás tu figura sin esfuerzo gracias a su corte entallado que resaltará lo mejor de ti y te hará sentir fabulosa"

¿Ves la diferencia? Del cielo a la tierra.

Pero ¡Atención! es aquí donde los más incrédulos y obtusos dirán: *"...pero ¡vaya chorrada de descripción! ¡que ridiculez! ¿es que acaso alguien cae en esas tonterías!?"*. Esa descripción se enfoca en el uso moral y le habla directamente a la mujer que busca ese tipo de vestidos. Está redactada de una manera mucho más cercana, con mayor personalidad, con ciertos matices emocionales y hace que el tipo de público ideal se sienta más atraído por el producto.

Recuerda que el *copywriting* es el arte de seducir con las palabras y no buscamos que 100% de las personas que leen nuestros textos, sean seducidas con lo que les decimos. Basta con que un 5%, 7%, 10% de ellas sean seducidas. Con la primera descripción que te mostré, probablemente ni el 0.5% sean seducidas con ese texto tan tímido e meramente informativo. El segundo apela a lo que la mujer quiere sentir y cómo quiere lucir al llevar un vestido como ese y si a 90% de las mujeres les parece una tontería, habremos conseguido un 10% de conversión, lo cual es una tasa altísima y muy satisfactoria.

CAPÍTULO 12:

Bonos e incentivos para aumentar las conversiones

A este último capítulo le llamo el "capítulo del empujón" porque lo que contiene, por si solo no te ayudará en nada a aumentar las conversiones, pero será aquello que te dará la ayuda extra que muchas veces necesitarás para cerrar más ventas.

Deberás aplicar a rajatabla todo lo que te he enseñado en los otros 11 capítulos de este libro para que puedas sacarle algo de provecho a lo que te enseñaré en este último, pero te darás cuenta que, aunque implementes al detalle todo lo que te he enseñado hasta ahora, muchos clientes potenciales interesados en lo que les ofreces, nunca llegarán a dar el paso y se quedarán pensándolo eternamente. Es por esto que debemos darles un empujón para que tomen acción, debemos darles uno o varios incentivos para que se decidan inmediatamente o en el menor tiempo posible.

Un incentivo es una razón extra para comprar. No es la razón principal ni el único objetivo, sino un catalizador para acortar el tiempo del ciclo de venta por el que pasan todos los clientes.

Lo que debemos hacer es entregar valor agregado junto con el producto o servicio que estamos vendiendo. Más adelante en este módulo te diré varias maneras de crear valor agregado para aumentar las ventas. Sin embargo, el más común y el que estoy seguro has visto usar con mucha frecuencia, es el de la entrega de un bono o regalo adicional.

Para que la entrega de ese regalo o bono tenga efectividad a la hora de cerrar la venta, es necesario que cumpla con dos requisitos principales:

1. Debe estar relacionado con tu producto: No tiene sentido regalar una camiseta si vendes un accesorio para el móvil, ni tampoco regalar un juego de copas si estás vendiendo un servicio de contabilidad (deja ese tipo de regalos absurdos para los bancos y compañías de seguros). La idea es que el bono complemente la compra y no se vea como una excusa barata para intentar cerrar la venta más rápidamente. Comprar un traje y que nos regalen una corbata o un juego de pañuelos, tiene sentido y le da valor añadido a la compra. El bono tiene que ser un aliciente para realizar la compra por su utilidad o conveniencia adicional que le otorga al comprador.

2. Debe estar disponibles por tiempo/cantidad limitado: No causará el efecto que buscamos si ofrecemos un bono como incentivo para acelerar el proceso de compra y lo dejamos disponible para siempre o con disponibilidad ilimitada. Recuerda que este tipo de incentivos los usamos para que, aquellas personas que quieren comprar lo que les ofrecemos, se decidan ahora mismo y dejen de postergar la decisión. Igual notarás que muchas personas esperarán hasta los últimos días de la disponibilidad de los regalos para comprar y otros, olvidarán por completo que el bono tenía fecha límite y luego se arrepentirán por no haber tomado la decisión en su momento. Aunque el beneficio extra es para ellos, somos nosotros los que debemos recordarles que solo estará disponible por tiempo limitado.

No todos los incentivos deben ser en forma de regalos, ya que, por la naturaleza de ciertos modelos de negocio, no es tan fácil o inclusive, no es conveniente ofrecer regalos con la compra (si consideras que tu negocio es uno de estos, primero prueba antes de llegar a una conclusión definitiva). Cuando un regalo no es la mejor opción en nuestro negocio, existen otros tipos de inventivos que les podemos ofrecer a los clientes:

Incentivos económicos: Este tipo de incentivo es el más común y el que se aplica prácticamente al 100% de los modelos de negocio. A través de los incentivos económicos buscamos que el cliente tome acción rápidamente para no perder un descuento en la compra actual, puntos de fidelidad, descuentos en futuras compras o cualquier otra forma de incentivo que se convierta en dinero de una u otra manera para el cliente. Prácticamente todo este capítulo 12 se concentrará en este tipo de incentivos.

Incentivos sociales: La gran mayoría de las personas necesitan sentirse parte de algo, necesitan ser aceptadas en un grupo y quieren que sus decisiones, incluyendo las de compra, sean aprobadas por su círculo social. Dependiendo del perfil psicográfico de tus clientes, deberás reconocer cuáles son sus motivaciones sociales para adquirir lo que ofreces y deberás transmitir esto en tu *copy*. Posiblemente descubras que las personas lo hacen para ser admiradas intelectualmente o quizá, para proyectar un estilo de vida que encaje con su círculo. Identifica las motivaciones sociales de tus clientes y úsalas como recurso para hacerlos tomar acción ahora mismo.

Incentivos morales: Toda decisión viene acompañada de un componente moral, a veces es una responsabilidad interna que siente el comprador (hacia él mismo) y en otras circunstancias, es un sentido de responsabilidad externa (con los demás o con el entorno). Hoy en día, es muy común adherir ciertas campañas de marketing al cuidado del medio ambiente, uso de materiales reciclables o inclusive, el apoyo a la mano de obra y producción nacional en vez de la importada. Es posible que tu propia propuesta de valor ya contenga un componente moral, solo debes verificar si está en sintonía con el incentivo moral que necesita el cliente para tomar acción más rápidamente.

Para ser capaces de crear un buen incentivo para nuestros clientes potenciales, uno que los mueva a tomar acción inmediatamente, es sumamente importante que los conozcamos muy bien y sepamos con exactitud lo que los motiva. Nos basaremos en esto para crear un valor añadido que nos generará más ventas a corto plazo y que hará que nuestros clientes queden muy contentos por haber recibido algo más allá del producto que han comprado.

BENEFICIOS INDIRECTOS QUE GENERAN MÁS VENTAS

Todo producto o servicio posee ciertas características que les aporta beneficios a los compradores. En este caso, no me estaré refiriendo a esos beneficios, sino a los que podemos aportar a través del proceso de compra.

Algunos les llaman a esos beneficios valor agregado (o valor añadido), que es aquello que acompaña a un producto y que lo hace más interesante para el comprador. No todos los productos y servicios ofrecen valor agregado (ni tienen porqué ofrecerlo), pero siempre que podamos, debemos buscar la manera de incentivar al visitante ofreciéndole más razones para comprar.

Darles un regalo o cualquier cosa extra que no venía incluida en lo que ellos pagaron, es una manera de darles valor agregado. Una excelente atención en el servicio, más allá de lo que el cliente podría esperar, es otra forma de valor agregado. Sin embargo, no es lo único que ellos perciben como tal ni lo único que nosotros podemos usar a nuestro favor.

Hay otros beneficios, tanto prácticos como psicológicos, que hacen que las personas se decidan por nosotros y no por la competencia. Si estás vendiendo lo mismo o algo muy similar a lo que venden otras empresas del sector, podrás aprovechar el valor agregado para ayudar a tus clientes potenciales a que se decidan por ti.

Algunos de los beneficios que podemos ofrecer, tanto a nivel práctico como a nivel psicológico, son:

Facilidades de pago: Es una forma de incentivo, sobre todo para productos o servicios de precio más elevado. Puedes darles a tus clientes potenciales diferentes opciones y facilidades de pago que otras empresas del sector no estén ofreciendo. Aunque esto se aplica principalmente para productos de gran valor, puedes aplicarlo con productos o servicios de menor valor. Una práctica muy común en Brasil que se ha estado expandiendo a otros países, es ofrecer facilidades de pago en productos que cuestan menos de 40$/€. Ve de qué manera puedes ofrecerles facilidades de pago a tus clientes, bien sea por tu cuenta o llegando a un acuerdo con alguna entidad de crédito.

Facilidad en la compra: En este caso me refiero a las facilidades durante el proceso de compra en sí. Uno de los casos más famosos es el de Amazon y su compra de un solo click. Con tan solo pulsar un botón, ya has pagado el producto e inmediatamente empieza a prepararse tu envío. No tienes que agregar al carrito, verificar el pedido, elegir la forma de pago, la dirección de envío, etc., sino que con un solo click, ya has comprado. Esto es muy útil para clientes frecuentes o clientes previos (que nos hayan comprado al menos una vez). Tener los datos del cliente registrados nos permitiría facilitarle el proceso de compra y si no tenemos la posibilidad de hacerlo como Amazon (si no me equivoco, ellos patentaron esa compra de un solo click), debemos estudiar muy bien de qué otra manera podríamos facilitar el proceso de compra o contratación para que a los visitantes les tome el menor esfuerzo posible el acto de comprarnos.

Rapidez en la entrega: Hoy en día, todas las personas lo queremos todo para ayer. Internet y el *multitasking* nos ha hecho impacientes a un punto casi incivilizado. Cuando compramos algo por internet, nos gusta que el servicio y la entrega sean lo más rápido posible. Dependiendo de tu modelo de negocio y de la logística que implique la entrega de tus productos, ve de qué forma puedes agilizar el proceso de compra, automatizando ciertas partes, reduciendo lo máximo que se pueda la cantidad de pasos que sean necesarios para poder comprarte y entrega tu producto en el menor tiempo que te sea posible.

Comodidad y conveniencia: Una de las mayores ventajas de comprar a través de internet, es que no tenemos que movernos de nuestra casa y con tan solo unos cuantos clicks, podemos comprar cualquier cosa que necesitemos. Si además de esta comodidad que el comercio electrónico nos aporta, podemos hacer la vida de nuestro cliente más cómoda de cualquier otra forma, entonces habrá mayores probabilidades de que nos compren. Piensa de qué manera puedes ofrecerles comodidad a tus clientes más allá de los beneficios principales de tu producto e impleméntalo. Asegúrate de comunicarlo en tu propuesta y hazles saber que contigo y con tu empresa, se ahorrarán tiempo, esfuerzo y dolores de cabeza.

Esperanza e ilusión: Algo que suele incentivar mucho a las personas es la capacidad de soñar e imaginarse que podrían ganarse algo. Por esto es que son tan populares los concursos, sorteos, loterías, etc. Las personas saben que la probabilidad de ganar es minúscula, saben que si en un sorteo participan 500 personas, sus posibilidades de ganar son una en quinientas, pero aun así, les gusta participar y soñar: *"... ¿Y si me lo gano? ... ¿y si me toca a mí?"*. Estoy seguro de que tú o alguien que conozcas ha comprado algo que no quería, solo para participar en un sorteo donde el premio era muy tentador, ¿cierto? Si tu modelo de negocio lo permite, crea sorteos, concursos o cualquier otro tipo de incentivo donde el azar tenga un papel importante en el resultado final.

Estas son algunas de las maneras de incentivar a tus compradores ofreciéndoles beneficios indirectos que van más allá del beneficio intrínseco de usar tu producto.

Antes de terminar esta sección quiero comentarte algo que algunos profesionales de mi sector suelen incluir en esta lista: trato personalizado.

Hoy en día el trato personalizado no es un elemento de valor agregado, es algo que absolutamente todos los clientes esperan. Ofrecer trato personalizado no es un beneficio especial, es nuestra obligación. Cada persona quiere que se le escuche, se le entienda y se le atienda según sus necesidades personales. No se trata de que los complazcas a todos ni que personalices lo que cada uno de tus clientes recibe, pero el trato debe ser personal, de persona a persona y el cliente tiene que sentir que lo han escuchado.

TÉCNICAS PSICOLÓGICAS DE PRECIOS PARA AUMENTAR LAS CONVERSIONES

Permíteme hacerte una pregunta:

¿Quién (o qué) determina que un reloj cueste 20$/€ y otro cueste 880$/€?

Lo primero que podría venirse a la mente es la calidad de cada uno. Un reloj de 20$/€ no puede tener la misma calidad que uno de 880$/€ ¿cierto?

Si un precio elevado sugiere una calidad muy buena, entonces ¿Qué es lo que hace que un reloj cueste 880$/€ y otro muy similar cueste 1880S/€? Ambos deben ser de muy buena calidad porque son muy caros, pero ¿qué es lo que hace que uno cueste 1000$/€ más que el otro? ¿Existe de verdad tanta diferencia entre la calidad de un reloj de 800$/€ y otro de 1880$/€?

Casi nunca.

El precio de un producto es sumamente subjetivo. El precio de un producto no necesariamente tiene que ser equivalente a su valor. Lo único que importa, es el valor percibido del producto, no su valor real.

Por un lado, entran en juego los elementos del *Branding*. El posicionamiento que la marca tenga en el mercado y en la mente del público, afecta el valor que el público percibe sobre este. Pero existen otras maneras de alterar el valor percibido que tienen nuestros productos delante de los ojos de nuestros clientes potenciales.

Aunque existen muchas técnicas, estas cuatro son de las más efectivas:

PRECIO *DECOY*

Se le llama *"decoy"* a un elemento con características similares a otros, pero inferior o menos conveniente. Dentro de este contexto, es un producto o variación de un producto que, aunque se parece mucho a las otras opciones que existen, tiene menos valor.

Supongamos que quieres comprar la película "El Padrino" y ves en una tienda online que puedes adquirirla de tres maneras:

opción a) Película en Blu-ray a 15$/€ (envío gratis)

opción b) Película en formato digital (descargable a cualquier dispositivo) a 7.99$/€.

opción c) Película en Blu-ray (envío gratis) + descargable a cualquier dispositivo a 15$/€.

Probablemente la mayoría elegirá la versión descargable por ser la opción más barata, además de que la pueden ver en sus teléfonos o *tablets* si así lo desean. La tienda es consciente de esto y aunque nunca había sido parte de su plan vender la opción "A" del Blu-ray solo a 15$/€, lo ha hecho como elemento "decoy", volviendo la tercera opción sea mucho más atractiva. Por el mismo precio que cuesta solo el Blu-ray, te puedes llevar la película en formato físico y además la versión descargable. Es una oportunidad mucho mejor y muchas personas optarán por esta porque el valor percibido cambia gracias al decoy.

PRECIO DE CONTRASTE

Las personas juzgan si algo es caro o barato dependiendo del contexto en el que se les presente y dependiendo de aquello con lo que lo relacionen. Nada es caro ni barato por sí solo, sino que se vuelve barato o caro cuando el precio se compara con algo más. Si tienes dificultades vendiendo un producto que las personas consideran caro, promociónalo junto a otro similar pero mucho más caro. Esto hace que el que quieres vender, por contraste, no se vea tan caro.

Si quieres vender un bolso de mujer que cuesta 295$/€, promociónalo junto a otro que cuesta 995$/€. Si vendes servicios, crea diferentes planes y asegúrate que uno de ellos sea mucho más caro que los demás; eso hará que los otros se vean más asequibles.

Desde luego, esto no creará ningún impacto en aquellos clientes que no pueden pagar tu producto o servicio porque se sale de su presupuesto. No importa que lo comparen con otro más caro, igual no se lo pueden permitir, pero sí funciona con aquellos clientes potenciales cuya percepción del valor de tu producto, les hacía verlo caro.

PRECIO EN PERSPECTIVA

Aprovechando el elemento del contraste, es muy útil hacer que el cliente compare "peras con manzanas" generando otra perspectiva al precio que les estamos dando. Por ejemplo, cuando hablamos de un servicio que los clientes pagan mensualmente, suele ser muy efectivo desglosar el precio por días. Supongamos que el servicio cuesta 30$/€ al mes, entonces podríamos decir: *"por tan solo 1$/€ al día, o lo mismo que te cuesta un café con leche, obtendrás…"*

Lo que se ha hecho es cambiarle la perspectiva al precio y, por lo tanto, la percepción del cliente cambia. Primero, al desglosarlo por un precio diario, se ve más fácil de pagar. Muchos de los que podían pensar que 30$/€ al mes es caro, lo verán más asequible. Por otro lado, al compararlo con el precio de un café al día, se convierte en una baratija total. Los clientes potenciales probablemente se toman un café (o más) al día, por lo tanto, tienen el dinero para pagar tu producto y al compararlo con un café, al comparar "peras con manzanas", muchos opinarán que para el beneficio que aporta tu producto, no es nada caro.

Lo mismo se puede hacer con productos o servicios de un pago único. Compáralo con algo que suela costar lo mismo, pero que tenga un valor inferior para el cliente.

PRECIO *HIGH-LOW*

Esta técnica suele ser abusada por comercios inescrupulosos, pero si se aplica en la justa medida y con buen juicio, suele ser muy efectiva. Consiste en establecer precios ligeramente más altos que la competencia y el estándar del mercado para luego, a través de promociones, cupones y descuentos especiales, hacer que los precios que finalmente pagarán los clientes, sean ligeramente (o bastante) inferiores al precio de la competencia y del mercado en general. Esta técnica se usa para aprovechar el poder mágico que tienen los productos en descuento. Como ya te lo mencioné anteriormente en otro capítulo, ver un precio tachado y descontado a un buen precio es mucho más tentador para el comprador que comprarlo a ese mismo buen precio, pero sin que haya estado en un descuento. Aunque el precio sea el mismo, el efecto psicológico que causa pagar 35$/€ por un reloj que antes costaba 49$/€, no es el mismo que pagar 35$/€ por el mismo reloj, pero siendo ese su precio normal sin descuento.

Recuerda: Estas técnicas no son magia negra ni milagrosas de ninguna forma. Si no has comunicado correctamente tu propuesta de valor, tu propuesta única de ventas y tus clientes potenciales no se sienten atraídos por tu empresa y lo que les ofrece, ni siquiera la técnica más Jedi del mundo los convencerá. Esto sirve como recurso adicional para aquellos que se lo están pensando mucho solo por culpa del precio.

PROMOCIONES Y DESCUENTOS PARA GENERAR GRAN FLUJO DE CAJA

Hay ocasiones en las que necesitamos (o queremos) generar un gran flujo de caja en corto tiempo. En esos momentos es cuando las promociones especiales nos vienen muy bien.

En aquellos negocios en los que los márgenes de ganancia son muy ajustados, es complicado hacer promociones basadas en descuentos, pero si tu modelo de negocio permite incentivar la compra por volumen, esta podría ser la salida.

A todos nos encanta un buen descuento. Nos encanta comprar algo que está en rebaja. Te gusta a ti, me gusta a mí y le gusta a todos, así que, en tu calendario de marketing debes incluir las fechas en las que harás promociones especiales y para que éstas sean realmente efectivas, deben cumplir con algunos requisitos básicos:

Deben ofrecerse a una base de datos de clientes existente: Para que las promociones especiales sean un éxito, debes hacerlas con clientes que ya te conocen, ya te han comprado y están satisfechos con tu empresa. Si estás empezando y aún no tienes una base de clientes muy grande, tendrás que ir construyéndola poco a poco. Puedes hacer promociones especiales para intentar convertir clientes potenciales en clientes de pago, pero el flujo de caja no será tan interesante si aún no te los has ganado y no tienen experiencia previa contigo.

Tienen que ser por un período de tiempo limitado: Deben tener una fecha de inicio y una fecha de fin, no pueden estar disponibles eternamente; la idea es conseguir una inyección de dinero en poco tiempo. La duración ideal depende de muchos factores, pero si dura más de 7 días, las personas sentirán que tienen una eternidad para comprarlo y lo dejarán pasar. Si dura solo 7 días, la mayoría de las personas comprará en las últimas horas. Si dura 3 o 4 días, es posible que ni se enteren de la promoción y pierdas muchas ventas. Aunque tendrás que enviarles varias comunicaciones durante el tiempo de la promoción a través de diferentes medios (por email, remarketing, redes sociales, etc.), dales tiempo suficiente para que se enteren de la promoción.

Deben ser escasas e irregulares: No podemos pasarnos todo el año haciendo promociones especiales porque dejarían de ser especiales ¿no? Aunque puede ser muy tentador hacer promociones frecuentemente, sobre todo cuando te das cuenta de que funcionan y recibes una buena inyección de capital cada vez que lanzas una, sería contraproducente porque tus clientes se acostumbrarán y siempre estarán esperando la próxima promoción para no tener que pagar el precio normal de tu producto para recibir algún tipo de beneficio especial que no tendrían si compran fuera del momento de la promoción.

Deben estar adheridas a un evento: Aunque no tiene nada de malo hacer promociones especiales sin ninguna razón aparente y en cualquier momento del año, es mucho más efectivo cuando se hace en una época de festividad general. Promociones del Día de San Valentín, del día de la madre, de Navidad, de fin de año, de la copa mundial de fútbol o de las olimpíadas, suelen ser muy efectivas por el evento al que van adheridas. Las personas están en ambiente de celebración y se vive una atmósfera general de fiesta y la gente aprovecha estos momentos para gastar.

El beneficio debe ser grande: Si quieres generar una buena inyección de capital en poco tiempo, no puedes hacer una promoción de aquellas donde solo ofreces el envío gratis o un 5% de descuento. La promoción debe ser increíblemente tentadora, bien sea por su precio (un gran descuento) o por el valor agregado y regalos adicionales que normalmente no incluye ese producto o servicio. La recompensa debe ser mucho más grande que el sacrificio de sacar la tarjeta de crédito para comprarte.

Recuerda: para que las promociones y descuentos especiales te generen una buena inyección de capital en poco tiempo, deben cumplir con esos requisitos. No son los únicos, pero son los que más podrían ayudarte a generar un buen flujo de caja.

CREANDO SENSACIÓN DE URGENCIA EN LOS VISITANTES

Cuando tus clientes potenciales ya están convencidos de que lo que les ofreces les conviene y les ayudará, lo normal sería esperar que compren de inmediato, pero esto raramente sucede. Centenas de cosas se interpondrán en tu camino para cerrar esa venta y esto es perfectamente normal y pasa con mucha frecuencia. Todos esperamos hasta última hora para comprar los regalos de navidad, para pagar una factura que tenemos pendiente o para reservar el billete de avión del viaje que queremos realizar. Lo que finamente nos mueve es la presión, bien sea de tiempo, de disponibilidad o cualquier otro tipo que nos recuerde que vamos a perder la oportunidad si seguimos esperando.

La sensación de urgencia debe estar presente en los clientes potenciales para que tomen una decisión de inmediato. Sin embargo, es importante aclarar que la sensación de urgencia no debe estar enfocada en tratar de convencerlos para que compren, sino en impedir que sigan postergando la decisión para después.

La sensación de urgencia no funciona con personas que no tienen ningún interés por tu producto y no piensan comprarlo, ni ahora ni después. La urgencia se debe aplicar con aquellos clientes potenciales que ya están convencidos de que tu producto los podrá ayudar, pero que no terminan de pasar al acto de la compra. Estoy seguro de que hay docenas o centenas de personas que ya decidieron comprarte, pero no han dado el paso. ¡Necesitan un empujón y es aquí donde los presionamos para actuar AHORA!

Esta presión es efectiva en algunos visitantes y dañina en otros. Un porcentaje de tus clientes potenciales saldrá corriendo a tomar la oportunidad para no perdérsela, mientras que otros probablemente pensarán: *"...a mí no me van a manipular con esas técnicas de marketing"* y eso no es algo que te deberá preocupar. Recuerda que con todo esto que hemos estado analizando en este libro, lo que queremos es aumentar las conversiones, pasar de un 1% de conversión a un 4%. En ningún momento el objetivo ha sido pasar de 1% a 100% porque eso jamás sucederá.

Aunque esta técnica funciona especialmente para los clientes de temperamento impulsivo, la mayoría de personas (tú y yo incluidos) sufre de M.A.P.A.: Miedo a Perderse Algo. Dejar pasar una buena oportunidad es algo que nos sabe muy mal y muchas veces actuamos impulsados por ese miedo y no porque realmente tengamos alguna urgencia en adquirir aquello que nos están poniendo delante.

Algunos elementos que podemos usar en nuestro sitio web para crear sensación de urgencia en los clientes potenciales son:

Cantidades que disminuyen visiblemente: Cuando ofreces algo con disponibilidad limitada, es muy efectivo colocar un contador de cantidades en la página que vaya cambiando en vivo y en directo. Por ejemplo: *"Quedan 11 de 200 cupos disponibles"*; también puedes poner la cantidad de productos que queden en *stock*: *"últimas 4 unidades disponibles!"*. Esto se aplica tanto a productos físicos, como productos digitales y también lo puedes hacer con servicios.

Tiempo que disminuye visiblemente: Al igual que con las cantidades, colocar un contador de tiempo que va reduciendo de manera visible, ayuda a crear esa sensación de urgencia. Para muchos compradores, este contador se siente como una bomba que está a punto de explotar y deben desactivarla ahora mismo para evitar consecuencias terribles. Evidentemente, mientas menos tiempo quede en el contador, más personas tomarán acción.

Número de personas que están viendo esta oferta: se suele usar mucho en el ramo de la hostelería y el turismo, *"Hay 4 personas viendo esta oferta en este momento",* pero se aplica a cualquier sector y es especialmente efectivo cuando quedan pocas cantidades (o minutos) disponibles. Esto genera el pensamiento *"me lo van a quitar, así que mejor me doy prisa".* Esto suele funcionar muy bien para los clientes potenciales de temperamento competitivo.

Urgencia a través del color: En muchas culturas, el color rojo es un color de alerta. Lo mismo sucede con la combinación de amarillo con negro. Colocar un contador de tiempo en color azul no tendrá el mismo impacto que colocarlo en color rojo. Si colocamos en color verde la frase *"Oferta válida únicamente por 5 días"* no causará el mismo impacto que si la colocamos en un recuadro amarillo con letras negras. Puedes valerte de estos colores de alerta universales para crear una atmósfera de mayor urgencia en tus promociones.

Urgencia sugerida: Cuando no existe (o no puede crearse) una urgencia real en lo que ofrecemos, podemos crear una urgencia sugerida a través de las palabras que usamos en nuestro *copy*. En la frase *"Si nos llamas ahora recibirás…"*, la palabra "ahora" sugiere de cierto modo que, si esperas para otro momento, no recibirás aquel beneficio que se te prometió. Otro ejemplo podría ser: *"Compra HOY y te incluiremos X"*. Aunque la frase no dice "solo hoy", muchas personas lo interpretarán como que es solamente hoy que podrán recibir ese beneficio especial. En ocasiones, podemos dejar que el cliente se imagine lo que él quiera y que él rellene los espacios en banco en su cerebro, sin que nosotros le hayamos dicho algo específico.

Estos elementos de urgencia te servirán como recurso adicional y te ayudarán a darle el empujón que tus clientes potenciales necesitan, pero no olvides que la urgencia sin substancia y fundamento no te ayudará a vender más. Los beneficios que tu producto ofrezca deben ser claros.

La idea es que los utilices luego de haberte ganado a los clientes y luego de que ya están seguros de que contigo obtendrán lo que necesitan o desean.

¿CÓMO SE LE DA CIERRE A UN LIBRO DE CRO?

El proceso de optimización de conversión es un proceso tan complejo, ambiguo y lento que es difícil dar una conclusión sin desanimar al lector. El CRO no es un proceso en el que el paso uno nos lleva al paso dos y luego al tres y así hasta conseguir nuestras metas. En realidad, avanzamos casi sin darnos cuenta y muchas veces sentimos que lo que hacemos, ni siquiera merece la pena.

Pero en los pequeños detalles, casi imperceptibles, es que está la magia. De la misma manera como no logramos notar la diferencia entre un minuto en el tiempo y otro, el día no para de avanzar y las 24 horas se nos pasan sin apenas darnos cuenta. Algo similar sucede con este proceso de optimización de conversión, sobre todo para quienes nunca lo han hecho.

Como sugiere la técnica japonesa "Kaizen", basta con mejorar 1% para notar diferencias en nuestros resultados. Pero para conseguir esa mejora del 1%, tenemos que estar dispuestos a pasar por el proceso y tener la paciencia necesaria para ver los resultados que queremos.

Aumentar las conversiones de nuestro sitio web y conseguir que muchas más personas que nos visitaron, lleguen a comprarnos, debe convertirse en un reto amigable con nosotros mismos. No será fácil, no será demasiado divertido, pero ver que vamos aumentando nuestras ventas gracias a pequeños (y grandes) esfuerzos que realizamos constantemente, hará que se vuelva un hábito y hasta una adicción.

Si eres de carácter competitivo, perfeccionista, experimentador, te gustan los datos y las métricas, entonces el proceso de CRO se te hará sumamente natural y te volverás muy bueno en esto.

Si por otro lado, no posees las características que he mencionado en el párrafo anterior, posiblemente deberás contratar a una persona que se encargue de llevar este proceso por ti. Puedes regalarle este libro para que se entrene por ti y para ti. El otro camino, es que contrates a una empresa que ofrezca servicios de CRO, pero ten en cuenta que no te saldrá nada barato, porque son muy pocos los profesionales que se dedican a esto y es una carrera relativamente nueva donde hay mucha más demanda que oferta.

SOBRE EL AUTOR

A lex Kei (1979) es un empresario español, estratega de marketing, inversor y conferenciante internacional, que ha formado hasta la fecha a personas de más de 30 países diferentes en temas de Negocios Digitales y Marketing online.

Fue profesor de Publicidad y Posicionamiento en buscadores en la Escuela Europea de Negocios ESERP, ha dado conferencias de marketing y negocios digitales en países como: Estados Unidos de América, Portugal, España, Reino de Bahrain y fue invitado por la Dubai Internet City en los Emiratos Árabes Unidos a dar su conferencia sobre *Branding* llamada *"Become a Celebrity in your market"* a la que asistieron empleados y representantes de empresas como: Microsoft, Oracle, IBM, Dell, Cisco, entre otras.

ALGUNOS DE LOS NEGOCIOS Y PROYECTOS DE ALEX KEI:

Co-fundador de la marca de ropa femenina "Mauna Barcelona" - mauna.es

Fundador de la academia de formación "Keiwebco" - keiwebco.com

Asesor y estratega de la agencia de marketing digital "Diwallia" - diwallia.com

Co-fundador de la Start-Up tecnológica "GeekyGuards" - geekyguards.com

ALEX KEI EN LAS REDES:

www.alexkei.com

Facebook.com/AlexKei

Youtube.com/AlexKei

Twitter.com/AlexKei

Instagram/AlexKei

Para asuntos de negocios, contactar con él a través del email: mail@alexkei.com o a través de LinkedIn: www.linkedin.com/in/AlexKei/

CONVIÉRTETE EN UN PROFESIONAL CERTIFICADO DE CRO

A ctualmente, existen miles de profesionales de marketing que se dedican a un sinfín de actividades de captación de clientes y promoción de negocios, pero casi no existen profesionales que se dediquen a la optimización de conversión.

Es un campo que está prácticamente virgen y donde existen muchísimas oportunidades.

Lo mejor de todo, es que las empresas y profesionales que están dispuestas a pagar por este servicio facturan cantidades considerables de dinero y no esperarán que les hagan este trabajo por un par de dólares o euros, sino que están dispuestos a invertir bastante dinero en aumentar sus conversiones en un 4-5%, porque saben que ese aumento, les representará muchísimo dinero cada año.

Si el mundo del marketing te apasiona, si ves más allá de lo que se puede percibir a simple vista y si tienes la paciencia para trabajar con clientes a los que les suele ir bastante bien en sus negocios, entonces conviértete en un Consultor Profesional de CRO.

Ve a ConversionDeTrafico.com/consultores y haz de esto un negocio sumamente rentable, convirtiéndote en:

[TU NOMBRE]

Conversion Rate Opimimization Specialist

ALEX KEI